旅游服务与管理专业"十三五"规划系列教材
国家示范院校专业建设项目成果

中国旅游文化

ZHONGGUO LVYOUWENHUA

主编 谢元博 麦霖

旅游文化元素有很多，包括人文景观文化，自然景观文化，聚落文化，旅游艺术文化，园林文化
名人故居文化，旅游宗教文化，民俗文化，饮食文化等

中国商业出版社

图书在版编目(CIP)数据

中国旅游文化 / 谢元博,麦霖主编. — 北京:中国商业出版社,2018.9
ISBN 978-7-5044-7957-0

Ⅰ.①中… Ⅱ.①谢…②麦… Ⅲ.①旅游文化-中国 Ⅳ.①F592

中国版本图书馆 CIP 数据核字(2012)第 307052 号

责任编辑:刘毕林

中国商业出版社出版发行
010-63180647　www.c-chook.com
(100053　北京广安门内报国寺 1 号)
新华书店经销
北京世嘉印刷有限公司印刷
＊　＊　＊　＊　＊
787×1092 毫米　开本:1/16　印张:12　字数:200 千字
2018 年 9 月第 1 版　2018 年 9 月第 2 次印刷

定价:36.00 元
＊　＊　＊　＊
(如有印装质量问题可更换)

总序

随着中国经济发展的日新月异，人们的生活方式和生活观念也在悄然发生变化，在工作之余，越来越多的人们也把休闲旅游度假作为一种时尚生活。同时，人们也认识到，通过休闲旅游不仅可以让人身心放松，还可以增加见识，增长知识。正可谓："行万里路，读万卷书"。因此，未来我国更加需要大量旅游服务管理专业人才来为人们进行专业引导和服务，旅游市场大有可为。

放眼世界，各国旅游业经历了持续快速的发展，旅游业已成了世界上最大规模的产业，越来越多的旅游目的地对旅游者开放，使旅游业成为了世界经济发展的重要推动力。即使在国际金融危机爆发的大背景下，旅游业虽然受到一定重创，但该产业的产值仍然占全球GDP 9.4个百分点，为世界提供了2.35亿个工作岗位。世界每11.8个工作中，就有1个是旅游业提供的。就全世界范围而言，旅游业已成为世界上最重要的绿色产业之一。长远来看，旅游在推动世界经济发展中保持领先的角色。同时在保障就业和消除贫困方面，旅游业必定有更大贡献。

再就我国旅游业来看，虽然起步较晚，但发展迅猛。2009年底，国家又出台《国务院关于加快发展旅游业的意见》（国发［2009］41号），将旅游业定为全国战略支柱产业。2012年10月1日施行的节假日小客车高速费通行给旅游业带来良好的发展机会。再者，旅游业是关联性很强的产业，直接或间接带动相关联的产业和部门多达100多个，其产业关联效应明显。目前全国已有20多个省、区、市都把旅游定为支柱产业来优先重点发展。2013年10月1日起中国首部《旅游法》正式施行，也有利于旅游行业整体规范健康发展，从此中国旅游业也进入依法治理，依法维权的新时代。相信，有政府的重视将使旅游业在国民经济增长和社会和谐发展方面扮演更加重要的角色。因此，我们特邀请全国部分旅游院校的领导和专家，齐聚北京，针对当前旅游业的发展和人才培养方面，进行了研讨，从而组织编写了本套教材。

本套教材在编写过程中主要突出以下几个特点：

1. 针对性

本套教材为旅游院校教材，针对当前的旅游从业人员的特点，安排教材内容和体系，采取课堂教学和实际操作、校外指导相结合的教学方式，从而使授者易教，学者易学。

2. 实用性

本套教材在编写之初就本着"必需"、"实用"为宗旨，既参考以前出版的教材内容，进行"取舍"，又参考教育部教学大纲以及国家旅游局导游资格考试的新标准设置各科内容。使学生通过系统学习之后，能在掌握基础知识同时又能在工作中发挥实际作用。

3. 创新性

本套教材在内容编排上，努力在总结专家学者经验的基础上，又吸收和借鉴如德国的双元制教学模式、澳大利亚的 TAEF 模式、加拿大的 CBE 教学模式、瑞士旅游酒店管理教学模式等国外先进的教学模式，进行编写。打破传统教材从概念到概念的写法。同时每本教材都配备 PPT 课件，以方便课堂教学。

诚然，本系列教材是示范院校教育教材改革与创新的阶段性成果，难免有不足之处，恳请广大专家、读者提出宝贵意见，以便日后修订，使之不断完善。

旅游服务管理专业教材编委会

前　言

中国的旅游业，伴随着改革开放30多年而高速成长，已成为中国改革开放的重要组成部分，是中国的一个大产业，成为国民经济新的增长点。

文化，是旅游的灵魂之所在。文化不是为旅游助兴的，不是添加剂，是主菜，是旅游发展上层次的关键，是深化旅游经济发展的助推器。对于某些地方而言，也是旅游经济的孵化器。

文化是深奥、博大的，也是在身边的；是需要坐下来研究的。但是，也是随和的，是每时每刻都在发生。旅游者需要在旅游过程中，体验文化，甚至以文化为旅游的主要目的。

本书紧紧扣住"旅游"二字来探讨文化。在"旅游"范畴内，特别从游客所平常接触的角度介绍文化，也就是介绍游客所常常接触的文化，旅游者不常接触的、过于深奥的文化，不涉及、不主推，不求大而全！在探讨了传统意义上的旅游文化之余，本书开拓了新的旅游文化话题。如：综合性主题公园、旅游演艺文化、文化的专题旅游等。

本书从旅游文化的主要载体入手，从旅游促销的角度，介绍其现状、促销与销售方式变革、旅游企业和旅游者对该载体的要求，以及国内外比较有代表性的景点。

通过推动旅游文化载体的健康发展，引导旅游者欣赏先进的、高品位的旅游文化，以服务旅游文化发展，服务旅游企业的发展，服务旅游者！

本教材由广西桂林旅游高等专科学校谢元博、麦霖主编，东北大学秦皇岛分校程艳菲任副主编。由谢元博、麦霖负责全书的总纂。

在本教材的编写过程中，参考了国内外许多专家和学者的相关著作，并借鉴了其中部分内容，同时广泛听取了老导游的意见和建议，在此对各位专家学者及老导游表示衷心的感谢！由于时间和水平所限，书中疏漏与不当之处，敬请专家学者和广大读者批评指正。

编者
2018年9月

目 录

第一章　旅游文化与旅游市场 ……………………………………………… (1)
　一、旅游文化 ……………………………………………………………… (1)
　二、旅游市场 ……………………………………………………………… (1)
　三、旅游文化与旅游市场互相需要，互为补充 ………………………… (4)

第二章　博物馆 ……………………………………………………………… (6)
　一、博物馆现状 …………………………………………………………… (6)
　二、博物馆旅游 …………………………………………………………… (10)
　三、旅游者眼中的博物馆 ………………………………………………… (12)
　四、国内外著名博物馆 …………………………………………………… (14)

第三章　公园 ………………………………………………………………… (22)
　一、公园现状 ……………………………………………………………… (22)
　二、旅游者、旅行社眼中的公园 ………………………………………… (26)
　三、国内外著名公园 ……………………………………………………… (28)

第四章　主题公园 …………………………………………………………… (40)
　一、我国主题公园现状 …………………………………………………… (40)
　二、旅游者眼中的主题公园 ……………………………………………… (43)
　三、迪斯尼乐园 …………………………………………………………… (44)
　四、中国自主品牌主题公园 ……………………………………………… (46)

第五章　餐饮文化 …………………………………………………………… (49)
　一、中餐 …………………………………………………………………… (49)

二、西餐及其他地区餐饮 ………………………………………… (50)
　　三、旅游餐饮 ……………………………………………………… (51)
　　四、餐饮卫生安全 ………………………………………………… (53)
　　五、国内外名菜、小吃 …………………………………………… (58)

第六章　民间工艺 …………………………………………………… (99)
　　一、流派 …………………………………………………………… (99)
　　二、民间工艺种类 ………………………………………………… (100)
　　三、雕刻工艺品欣赏 ……………………………………………… (102)
　　四、著名民间工艺品 ……………………………………………… (106)

第七章　少数民族文化 ……………………………………………… (109)
　　一、少数民族文化与旅游 ………………………………………… (109)
　　二、少数民族文化旅游资源开发 ………………………………… (110)
　　三、旅游开发对少数民族文化影响 ……………………………… (111)
　　四、少数民族旅游资源的保护 …………………………………… (113)
　　五、旅游者眼中的少数民族文化 ………………………………… (114)

第八章　境外旅游文化 ……………………………………………… (130)
　　一、中国出境旅游 ………………………………………………… (130)
　　二、境外文化介绍 ………………………………………………… (130)
　　三、旅游者看境外文化 …………………………………………… (140)

第一章 旅游文化与旅游市场

一、旅游文化

1. 什么是旅游文化

关于什么是旅游文化,有着很多理解。

旅游文化元素有很多,包括人文景观文化,自然景观文化,聚落文化,旅游艺术文化,园林文化,名人故居文化,旅游宗教文化,民俗文化,饮食文化等。

2. 世界遗产

有些文化遗产,对于整个世界的文明发展,都起到了重要的作用,是属于全世界的遗产等等。

二、旅游市场

1. 什么是旅游市场

旅游市场通常是指旅游需求市场或旅游客源市场,即某一特定旅游产品的经常购买者和潜在购买者。

从经济学角度讲,它是旅游产品供求双方交换关系的总和;

从地理学角度讲,它是旅游市场旅游经济活动的中心。属一般商品市场范畴,具有商品市场的基本特征,包括旅游供给的场所(即旅游目的地)和旅游消费者(即游客),以及旅游经营者与消费者间的经济关系。

2. 旅游市场的特点

旅游市场与一般商品市场的区别在于它所出售的不是具体的物质产品,而是以劳务为特征的包价路线。同时,旅游供给与消费过程同步进行,具有很强的季节性。

(1)旅游市场的异地性

从上文所提到的定义来看,旅游市场里,旅游产品的买卖双方一般不处在同一地方。

旅游者都有探奇、求新、求异的心态。对于处在身边的景点来说,情况常常相反。所以,北京人没去过故宫、桂林人没游过漓江的很常见。

应该说,差异性是促使购买者的购买旅游产品的基本动机之一。而异地性是差异性存在的重要保障。

(2) 旅游市场的季节性

旅游市场中,旅游产品的最终消费者——游客的行为中,存在季节性。游客消费行为的季节性,导致旅游产品的采购行为的季节性,进而导致旅游市场中买卖行为的季节性。换句话说,旅游市场存在季节性。

(3) 旅游市场的全球性

旅游市场的全球化,是世界全球化导致的,是其不可分割的一部分。具体来说,在世界经济全球化以及文化融合中,起到了重要作用。

首先是世界经济总体呈现上升态势。世界范围内,人们收入增加了,可自由支配的收入显著增加。

其次是交通工具的重大革命。波音747飞机的出现,使得跨洲旅行的经济成本和时间成本都急剧下降,普通人也能承担得了洲际旅行的代价。因此,旅游市场的全球化也成为可能。

最后是互联网的巨大作用。

在旅游市场里,信息不对称是阻碍旅游产品采购的主要因素之一,当然也是获取利润的一个条件之一。

互联网普及之后,旅游产品的信息发布方式产生了重大改变。和以前相比,普通的采购者能比较容易地获得旅游产品的信息。在跨国采购方面,显得尤为突出!跨国下订单、支付、确认购买等等交易行为,在互联网支持下都能轻松进行。

(4) 旅游市场的波动性

旅游业以需求为主导,影响需求的因素多种多样,从而使旅游市场具有较强的波动性。任一因素的变化都会引起旅游市场的波动。

(5) 旅游市场的多样性

表现在旅游产品种类、旅游购买形式、旅游交换关系的多样性上。

旅游产品是指旅游经营者凭借一定的旅游吸引物和旅游设施,向旅游者提供的满足其在旅游过程中旅游需要的服务。划分旅游产品的标准各不相同,可以按照旅游目的(旅游动机)、旅游目的地、费用与标准、费用与所包括的内容等标准,将旅游产品划分为很多种类。

旅游产品的购买形式多种多样。可以现金支付、刷卡、电子银行转账、支票兑付。大多数采购旅游产品的方式仍然是预约式。临时购买，随着旅游电子商务的开拓，增加速度很快。

这是个很热门的概念。一般而言，交换游指的是不同地方的旅游者结成伙伴关系，当一方到达另一方所在地旅游的时候，另一方给予一定的帮助，当这一方到达对方所在地旅游的时候，对方给予相应的帮助。

(6) 旅游市场的竞争性

【竞争方式有新突破】

从旅游电子商务市场来看，在线旅游市场增长迅速竞争激烈 垂直搜索前景乐观。三年前还名不见经传的"去哪儿网"，已经一举突破携程旅游网的老大地位，凭借垂直搜索这一新的、多赢的模式，一举夺得"江湖第一"的宝座。

【竞争的全面性】

竞争，从理念、人才、资金、形象，到旅游市场份额、道路工程建设、景区开发与规划等等。

竞争从旅游企业的竞争，已经上升到各国家之间的竞争，以及国家内部各地市之间的竞争。

【竞争极其激烈】

以旅行社市场为例，负利润、零利润不鲜见，导致以导游服务为代表的旅行社服务，有偏离正常轨道的不利趋势。

有序的、正常的竞争对旅游市场的发展有利。反之，则很有害。

3. 旅游市场的分类

在开发建设旅游区及旅游经营过程中，旅游市场的调查、划分、开拓、预测十分重要。

(1) 根据旅游经营需要，旅游市场有多种分类方法

按旅游消费者划分的旅游客源市场分类；

按地域范围分为国际和国内旅游市场；

按旅游者的年龄和性别特征分为老、中、青、儿童和妇女旅游市场；

还可按旅游者的社会地位、文化程度和经济支付能力划分；

按旅游活动类型分为观光、度假、会议、购物、体育、探险和科学考察旅游市场；

按旅游接待量和地区分布划分为一级市场、二级市场和机会市场。

(2) 通过旅游市场的研究可确定旅游需求的现状和变化趋势

可以确定的包括估计国际、国内旅游市场发展的总趋势，供需状况和竞争形势，并据此确定本地区的目标市场，进行市场规划；研究影响市场的各种因素，使旅游经营适应不断变化的市场，达到吸引旅游者的目的。

三、旅游文化与旅游市场互相需要，互为补充

1. 旅游者与旅游文化之间存在距离

在旅游者的旅游过程中，会因为自身的素养、年龄与阅历、停留的时间、兴趣爱好、旁人的推荐(包括网络信息如游记、导游员的促销)等，对于所接触的文化有所挑选地进行欣赏；进而产生学习的动机以及行动。

旅游者所想选择的旅游文化，往往是大众媒体介绍的、朋友推荐的、网络关注度高的，往往是较为浅显的、趣味性较强的、互动性较强的、与身边事务相关的、时效性强的。

但是，现在的旅游过程中，旅游者所能选择的旅游文化，往往是旅行社安排的、较为深奥的、枯燥的、互动性与时效性都不够强的。

因此，旅游者和其所希望欣赏的旅游文化之间，存在着距离。

2. 帮助旅游者和旅游文化载体跨越彼此间的距离

促进旅游文化载体发展，是推动旅游文化在旅游市场中发展的关键。

文化，是需要载体的。旅行社当然想满足游客的需求，但是，现在旅游文化的载体，如旅游者经常接触的博物馆、公园、主题乐园、民俗风情村、餐饮馆所、演艺厅、民间工艺品店等主要旅游文化载体，要么"酒好但是巷子深"不搞任何促销所以无人知晓，要么"孤芳自赏"坚持理论深度不好懂也不好玩，要么"我们都是木头人"缺乏时效性。

旅游者接触的旅游文化的载体，往往分为政府、民间、外资等三类投资主体。无论是公益性的还是盈利性的旅游文化载体，都需要在市场经济中做出适应市场的促销——只要有利于社会，有利于旅游者，有利于载体自身的发展建设；都要转变观念，以旅游者的需求为主，调整经营管理理念。

3. 互相需要，互为补充

旅游文化需要旅游市场来推广，进而服务整个社会。旅游市场需要旅游文化

来提升层次，获取更大的效益。

旅游者需要，旅游文化载体需要，投资者需要，旅游行政机关乐见之。一句话，社会需要！

【思考题】

> 旅游文化载体，有可能满足游客欣赏旅游文化的需求吗？为什么？

第二章 博物馆

有需要，就要有人去满足之。博物馆，是旅游文化的重要载体！

博物馆是对于历史文物、自然标本和其他物质、非物质形式资料的收藏、保管、陈列、宣传和进行科学研究的机构，集收藏、研究、教育三项基本职能于一体，成为保护与传承文化遗产的最主要的社会公共机构之一。

可以说，作为文化遗产的最核心的载体——博物馆是人类文明发展的结晶，人类知识的宝库，是世界文明的窗口，也是人类积累起来的文化金字塔。

其特点是，采用形象化方法，以直观的方式，传播科学、文化知识，陶冶艺术审美情操，激发人们的爱国主义情怀。

其功能不能仅仅限于收藏、研究与教育，而将之藏品收于深闺不予世人共分享。不开展博物馆旅游，博物馆馆藏文物的价值及博物馆的价值在文化遗产的传承方面将非常受限。将文化遗产与博物馆旅游进行深度的结合开发，不仅能盘活现阶段发展滞后，客流量偏低，市场生命力弱的博物馆，也能让世人了解博物馆及博物馆文物的真正价值。

因此，博物馆是旅游文化的重要承载体，是旅游者体会和欣赏地方民族文化以及历史传承的重要方式和目的地。

一、博物馆现状

现今在我国各种各样、形形色色、大大小小的博物馆有几千座。在世界范围内，这个数字是难以统计的。据联合国教科文组织的一个初步统计，共有博物馆3万个以上。根据博物馆的定义和范围，根据博物馆的主要性质，可以将博物馆分为三大类：综合类、社会科学类、自然科学类。也有人将艺术类从社会科学类中单列出来，共计分为四类博物馆。

我们这里采用分为三类的分类法。

1. 社会历史类博物馆

即以研究和反映社会历史的发展过程，历史上的重要事件和重要人物等为主要内容的博物馆。

（1）历史考古博物馆：包括通史、断代史、地方史、专史、历史遗迹、古陵墓、庄园等。

（2）革命史博物馆

包括全国的或地方的革命史、革命军事史等。

（3）纪念类博物馆

纪念重要的历史人物和重要的历史事件的博物馆。

（4）民族、民俗博物馆

包括民族史、少数民族历史遗迹等，反映某一地区人民的风俗习惯、生产、生活、文化的博物馆。

（5）文化艺术类博物馆

包括绘画、书法、工艺美术、文学、戏剧、建筑等博物馆。

2. 自然科学博物馆

是以自然界和人类认识、保护和改造自然为内容的博物馆。

（1）自然博物馆

一般性的自然博物馆，如各地自然博物馆。

专门性的自然博物馆，如天文、地质、生物等博物馆。

园囿性的自然博物馆，如动、植物园，水族馆、自然保护区等博物馆。

（2）科学技术博物馆

科学技术博物馆，如现代科学技术和工农业、国防、交通等博物馆。

科学技术史博物馆，如古代科学成就博物馆。

3. 综合类博物馆

是兼具社会科学和自然科学双重性质的博物馆。

4. 博物馆展览、展示现状

（1）依然以传统方式展示

就博物馆工作人员的观念来说，本身还没有完全转变，展览的设计不顺应市场的变化而变化。

就展示方式来说，博物馆的展览展出基本上都以传统型静态展出为主，与游客的距离较大，不能引起游客的注意。由于展品多数属于文物，且文物有着不可复原性和不可再生性，展品与游客之间的互动、体验，还处在基本没有开展的阶段。

就趣味性来说，缺乏互动和体验，相对缺少趣味性。

就展示手段来说，开始引入互联网和3D技术，部分开展了网上虚拟展示。

(2) 临时展览主题增多，展示手法简单

在文物藏品数量基本固定，展览形式改变速度慢的情形下，临时展出是扩大游客吸引力的重要手段。设有临时展厅，开办主题临时展览，有时是展出博物馆自身的收藏品，有时与其他单位合办，引进其他博物馆的各种展览。

但是在展示形式上，博物馆依然以传统的平面、静态形式为主。

(3) 出现流动展出的方式，但应用较少

流动展出是博物馆的一种旅游产品，这种产品的推出，扩大了博物馆的旅游市场范围，提高了博物馆的旅游吸引力。

但是，流动展出的要求高：需要懂得市场的人才、需要经费支持、需要更新管理者的观念、需要重新包装的导游讲解人才等。

(4) 自身不注重宣传和促销

目前博物馆普遍缺少经营者，更谈不上经营理念。

依然很少或根本没有重视对旅游产品的宣传，甚至在游客进入博物馆后，缺少内部促销手段，既没有引人入胜的热情讲解，也缺乏能适应游客特殊需要的详尽的博物馆平面图和文字说明资料为游客解疑，无法增加游客参观的兴趣。

5. 博物馆的促销与销售方式变革

(1) 存在问题

首先，形象模糊，定位不清。

经过调查发现，多数博物馆在其所在地的知名度并不高。

以桂林市甑皮岩博物馆为例，其区位条件处于桂林市中心，但经过笔者的小范围实地调查发现，约有20%的桂林人知道甑皮岩博物馆；约有5%的桂林周边客人知道有甑皮岩博物馆并知其位置；外地客人基本不知道甑皮岩博物馆的相关情况。

在桂林市旅游发展的大潮中，甑皮岩博物馆，基本上没有真正的思考过自己本原的定位，一直以全国著名的史前遗址博物馆定位存在，多年未发生改变。这个继北京人遗址博物馆、西安半坡博物馆之后成立的全国第三个遗址博物馆，拥有无数精品文物的博物馆，由于未对自己作出更为精确的定位，未与市场结合，一直扮演着安静而滞后的角色。

其次,功能配置单一。

甑皮岩博物馆虽然被定义为文博旅游资源的一部分,虽然是文化遗产与旅游结合的核心点,但传统上更侧重于博物馆的教育、研究功能。

现阶段甑皮岩博物馆主要突出其作为教育基地的作用,布展方式简单化、程式化,忽视了休闲旅游功能的完善。

第三,市场吸引力弱,客源市场未真正开拓。

对博物馆旅游发展认识的滞后使现阶段甑皮岩博物馆缺乏市场意识,几乎没有进行任何营销宣传,导致甑皮岩博物馆知名度较低,对客源市场缺乏吸引力。

(2)解决方案

首先是要精确定位

桂林市拥有的漓江为代表的喀斯特地貌风光和山水历史文化,这是外地游客从前对桂林市的一致认知。

但是,近年来,桂林只有山水,成为桂林旅游业二次创业遇到的瓶颈。在国家级旅游综合改革试验区的机遇面前,甑皮岩博物馆可以为旅游业的转型担任更重要的角色,桂林旅游需要在文化认知度上得到提升,需要让外地游客体会到桂林山水历史文化的内核和精髓。在这样的背景下,甑皮岩博物馆的定位应该与灵渠、靖江王府/王陵、桂海碑林等博物馆一起,精确的定位为桂林山水历史文化的核心载体,是山水风光与民族融合与促进相互辉映、融和的写照。

其次是引入营销理念

甑皮岩博物馆应针对不同的客源市场,打破固定的被动的经营模式,采用不同的营销手段。对于桂林市区的客人主要以加强认同感和自豪感为主,使之成为博物馆常客。对于桂林市周边的客人,采用联展或流动展出模式,提升他们的关注度,主打文化的同源性这张牌。对于自治区外客人,博物馆应加强与外省博物馆的合作,互通有无,互为促销,互为推荐,结合甑皮岩博物馆的新定位,以桂林市在旅游业中的地位,相信甑皮岩博物馆能在与外省博物馆的交流合作中找到有比较强烈合作意愿的伙伴。在立足于本地市场之后,可以积极开拓外部市场。

第三,开发馆内体验旅游

对博物馆进行旅游体验设计,首先是要为博物馆旅游构思一个明确的体验主题。

提供不断创新的旅游体验主题,紧跟市场潮流,加强市场调研,滚动更新旅游项目和设施,增强旅游体验对游客的持续影响力。

第四,与市内旅游精品线路相整合

以博物馆体现的文化为核心,将周边景点和街区整合,让游客能在一个较小的范围内感受到桂林的文化及生活方式。

最后,需要政府的大力支持

资金一直是博物馆发展受限较大的一个缺口,展厅面积过小,馆藏物品展出受限,这些问题解决都需要政府给予积极支持。从资源配置的角度理解新时期博物馆的开发建设,在政府主导的前提下,适时适度引入市场机制,最大限度地发挥文博资源的效用。

二、博物馆旅游

1. 博物馆是旅游产品的重要组成部分

下面,是某著名旅游网站 2010 年 7 月 27 日的旅游线路内容及其报价:

表 2.1　　　　　　　　　旅游线路报价表

序号	价钱	线路	备注
1	5880 元起	沙坡头、西夏王陵、西部影视城、沙湖、兰州、敦煌、莫高窟	品质休闲之旅
2	2280 元起	西安、临潼、少林寺、龙门石窟飞去动回五日游	品质体验之旅
3	2080 元起	西安、法门寺双飞四日游	品质休闲之旅
4	1420 元起	西安、临潼、法门寺、乾陵双卧五日游	品质休闲之旅
5	1980 元起	西安、临潼、华山双飞四日游	品质休闲之旅
6	1390 元起	西安、临潼、华山双卧五日游	品质体验之旅
7	258 元起	齐云山、新安江山水画廊休闲二日游	休闲度假之旅
8	298 元起	天目湖、太极洞、生态园二日游	美食美景之旅

在整个 8 项旅游线路中,明确包含博物馆内容的有 4 项,占到 40%。

由此可见,包括博物馆内容的旅游线路,都定位为品质体验之旅。游览项目的内涵丰富,也是高品质的重要特征之一。

2. 博物馆提高了旅游产品的层次,丰富了旅游产品的种类

博物馆内涵的博大精深,提高了旅游产品的层次。

博物馆内容的高文化性、高科技型,向旅游者提供高端文化旅游产品成为可能。

3. 博物馆对旅游接待人员的素质要求高

博物馆藏品丰富,内涵深刻,对于讲解人员的文化素养要求高。

(1)知识内涵深刻而丰富

讲解员要博览群书,志趣广泛,凡讲解中可能涉及的知识都要有所涉猎。要有所讲解的对象的知识,也要有讲解服务对象的知识,还要有现代先进的知识。只有知识丰富,才能不就物论物,而是在讲解中融入丰富的内容,讲出更深的含义。这样,在每天面对的不同观众时,面对各种各样的提问,就不会出现冷场或尴尬。

(2)分类对待游客,有针对性的讲解

一般来说,博物馆的观众分为观赏型、鉴赏型和研究型三类。

表2.2　　　　　　　　　　　　博物馆观众分类

类别	目的	讲解方法
观赏型的观众	主要是为了获得最基本的陈列信息,并越来越多地为了获得某种视觉美的享受,是他们旅游、休闲的一种方式。	讲解形式活泼多样
鉴赏型的观众	希望从博物馆得到权威的答案,来提高自身鉴赏能力,要求讲解员能对展品的时代风格、鉴赏要点具有一定的研究,并能准确回答此类观众提出的有关问题。	回答准确,逻辑清晰
研究型观众	往往带着学术研究的思维而来,要求讲解更具有专业性。同时讲解时要善于沟通观众心理,善于把握讲解节奏,善于引导观众参与,善于调动观众情绪,善于用自己的语言深入浅出地讲述;善于针对不同对象,灵活运用不同的讲解方式,使观众得到知识的美餐和愉悦的享受,使讲解过程成为参观者一次难忘的经历。	专业术语使用得当,语音语调配合恰当,讲解难度逐步深入,心理引导不可或缺,节奏把握炉火纯青

(3)讲解员的外在涵养

外在是给游客留下良好第一印象的首要条件。

因此,爱岗敬业,端庄大方,谦虚亲和,既有辅导者的素养,又有服务者的真诚,这是讲解员为观众从内心接受的必要条件,也是讲解员与观众心理沟通、共同创造陈列效果的必要基础。

因此,讲解员不能以外表靓丽取胜,而应当以文化气质取胜。

当然,讲解员的言行举止、着装打扮、接待礼仪,都是文化内涵的尺度,也是一个博物馆整体形象的折射。

(4)讲解员的语言艺术

表2.3　　　　　　　　　　　讲解员口语表达要素解析表

语音	讲究气息控制,吐字归音,字正腔圆,重音与停连等等,语音优美而动听;音量尽可能地控制平稳,使大家都听见但又不是噪音。
语调	声调优美,做到抑扬顿挫,节奏鲜明,音律和谐。
表达力	口齿清楚,说话流利,普通话标准;形体、手势、表情要照顾全场情绪随讲解词的起伏而起伏,不让观众产生听觉上的疲劳。
用词	语言和谐有趣。

三、旅游者眼中的博物馆

1.旅游动机

据 Myriam 和 Johan(1996)对游览者进行采访和调查,发现游览者游览博物馆的主要动机是"学习一些东西","丰富自己的生活"。

作为一种文化教育机构,博物馆必然是集陈列、研究、收藏物质和精神文化以及自然标本等多项功能于一体的。同时,博物馆还有相当权威的研究者及其严谨的工作态度,因此,对于旅游者而言,博物馆是一个具有权威性的学习场所。

2.博物馆多是古董的收藏地

在广大旅游者的眼中,博物馆展示内容深奥繁杂,参观时大多走马观花,难以从中真正有效地学到知识。

可以说,博物馆作为一个收藏研究文物的中心发挥了应有的作用,但是却没有很好的发挥它的教育作用。

3.寓教于乐

在轻松休闲的环境中了解灿烂的历史文化,让旅游者在博物馆中满足"学习一些东西"的需求,而不只是在博物馆照相留念。

4.展示当地富有特色的最具代表性的一面

欣赏与客源地不同的地理和社会层面上的差异,也是旅游者旅游的重要动机之一。

作为一个浓缩了上千年历史的文化场所,博物馆应该,也有责任向旅游者展示这样的差异,对目的地有一个深刻的认识,从而加强对旅游者的吸引力。

5.博物馆是真、善、美的集中体现

博物馆收藏展示的是自然和人类社会发展的物证,给人以科学的、正确的知

识，体现了一个"真"字；

博物馆在展示国家、民族优秀传统和人文精神的时候，体现了一个"善"字；

博物馆以艺术的手段打造的精品展览，又突出了一个"美"字；

博物馆集真、善、美于一身，是名副其实的文化殿堂。

6.博物馆是社区的文化中心，又是人民大众欢乐的家园

博物馆以文化的魂魄，科学的滋养，社会的良知良能，给人以启迪，以思考，以慰藉，以愉悦。在这里，人们可以学习，可以研究，可以欣赏，可以对话，可以沉思默想，也可以消遣休息。

7.博物馆旅游注意事项

(1)注意票价以及优惠政策

主要注意的是全票、优惠票以及免票三类。

成人一般是全票。

优惠票票价一般包括特殊时期票价与儿童价。

全价：一般的成年人。

优惠票价：18周岁以上学生（不包括成人教育）、60周岁至69岁、未成年人（18周岁以下）

免费：1.2米以下儿童、70周岁以上、残疾人、现役军人、未成年团体免费。有时候，在某些特定日子，某些博物馆也会免费开放。

讲解员的讲解一般不免费。

上述票价仅为举例，各地实际票价以窗口公布为准。

(2)享受免票及半价观众需出示本人有效的相关证件。

有效证件包括身份证、护照、驾驶证、残疾证、军人证、寿星证等国家机关颁发的证件。学生可以出示学生证，学生团体可以凭学校开具的具有公信力的证明，免费入场。

(3)是否需要预约。

很多公益性博物馆都是免费开放。请注意，免费不一定免票。出于保护藏品和科研工作的需要，对于参观人数博物馆可能会做出适当的限制。因此，提前预约以获取入场券成为很多博物馆的做法。

预约方式包括网上预约、电话预约、旅行社预约等。游客必须按照预约的时间前往博物馆参观。

（4）其他注意事项

在参观时，观众应注意查看展品旁的说明，这样做既可以了解展品的基本情况，也会对其价值作出判断。

拍照与摄影：不少博物馆和展览馆设置明显的"请勿拍照"的提示牌。

触摸：有些展品的说明文字中会有明显的"禁止触摸"的标志。

攀爬：博物馆内一般禁止攀爬。

声音：参观时一般都禁止喧哗，呼朋唤友。

时间：开放与关闭时间（分季节）、参观所需时长、允许停留的时间等。

观众应留心查看有关注意事项，以免被工作人员当场制止，产生不必要的尴尬。

四、国内外著名博物馆

1. 国内著名博物馆

表2.4　　　　　　　　　　国内著名博物馆

名称	评价	藏品	备注
故宫博物院	是收藏明清皇室珍宝的巨大宝库，也是记载明清宫廷历史的鲜活档案。	世界上规模最大、保存最完整的紫禁城木结构宫殿建筑群，明清文物。	http://www.dpm.org.cn/ 综合性博物馆
香港博物馆	保存、研究、展示和诠释香港物质文化，为访客提供具有教育、启发性及愉悦的博物馆服务。	粤剧文物。	http://www.heritage-museum.gov.hk 综合性博物馆
台北故宫博物院	历史文物精品之集大成。	不胜枚举。	综合性博物馆
辽宁省博物馆	为研究辽宁地方历史提供重要资料。	晋唐宋元书画、历代丝绣，东北地区考古发现，特别是辽瓷，古地图与历代货币、甲骨、青铜器、碑志。	历史艺术性博物馆 http://www.artron.net/artronlist/bowuguan/liaolin/ll1.php
旅顺博物馆	大连文物、新疆文物及历史艺术类文物为主体。	阿弥陀净土变相图等。	历史艺术类博物馆 http://www.lvshun-museum.org/index02.asp
首都博物馆	非物质文化遗产与现代信息技术的结合。	不胜枚举。	历史艺术类博物 http://www.capital-museum.org.cn/

第二章 博物馆

续表

名称	评价	藏品	备注
中国人民革命军事博物馆	中国惟一的大型综合性军事历史博物馆。	土地革命战争馆、抗日战争馆、全国解放战争馆、抗美援朝战争馆、古代战争馆、近代战争馆、兵器馆、礼品馆，珍品不胜枚举。	军事史/革命史博物馆
秦始皇兵马俑博物馆	联合国世界遗产保护名录，世界第八大奇迹。	秦兵马俑、铜车马等。	历史类博物馆
河北博物馆	以五个基本陈列形成了完整的陈列体系，完整展示了河北的发展历程。	长信宫灯、金缕玉衣、谷纹玉璧、错金博山炉、青花釉里红罐。	综合性博物馆 http://www.hebei-museum.org/
河南博物馆	展示中原古代文明之光。	史前文物、商周青铜器和历代陶瓷器。如郑州的大河村遗址出的新石器彩陶、临汝的彩绘鹳鱼石斧图陶缸、郑州窖藏青铜器、淅川下寺出土的楚国青铜器、平顶山铜器、三门峡虢国墓铜器、扶沟楚国金银币、洛阳唐三彩、汝瓷、钧瓷等。	历史艺术类博物馆 http://www.chnmus.net/Template/home/chnmus/index.html
陕西博物馆	中国第一座大型现代化国家级博物馆。	商周青铜器精美绝伦，历代陶俑千姿百态，汉唐金银器独步全国，唐墓壁画举世无双。	历史类博物馆 http://www.sxhm.com/
吉林省博物院	以历史与艺术为主。	银釉鸡冠壶。	综合性博物馆 http://www.jlmuseum.org/

续表

名称	评价	藏品	备注
天津博物馆	历史类文物与艺术类文物并重。	书法、绘画、青铜器、陶瓷器、玉器、玺印、砚台、甲骨、钱币、历史文献、近现代文物、地方民间工艺等多个门类，其中国家一级文物近千件。	历史艺术类博物馆 http://www.tjbwg.com/newEbiz1/EbizPortalFG/portal/html/index.html
江西博物馆	将历史、自然、革命三个博物馆合在一起，组成一座大型综合性博物馆，这在全国尚属首创。	明代景德镇御窑出土白瓷三管器。	综合性博物馆 http://www.jxmuseum.cn/jxbwg/jxbwg.htm
湖南博物馆	了解湖湘文明进程、领略湖湘文化奥秘的重要窗口。	马王堆汉墓文物、商周青铜器、楚文物、历代陶瓷、书画和近现代文物。	历史艺术博物馆 http://www.hnmuseum.com/hnmuseum/index_gb.jsp
福建博物馆	融合海洋、闽南民居建筑文化、闽南石文化。	寿山石马俑等。	综合性博物馆 http://www.fjbwy.com/
广东博物馆	广东省三大标志性文化设施之一，以广东历史民俗、艺术、自然为三大主要陈列方向。	总数已达13万余件(套)，地质文物、标本、化石2.5万余件(套)，另外还收藏图书资料数万册。中国历代陶瓷和书画无论是数量还是质量均居全国博物馆前列，广东出土文物与金木雕、端砚最为丰厚。	综合性地志博物馆 http://www.gdmuseum.com
浙江博物馆	充分彰显浙江丰厚的美术资源、革命历史。其独特的名人馆舍系列、龙泉窑青瓷都蜚声海内外。	馆藏文物达十万余件。其中河姆渡文化的陶器、漆器、木器、骨器和象牙制品，良渚文化的玉器和丝织品；越国的青铜器、越窑、龙泉窑、南宋官窑等窑口的青瓷，会稽古铜镜和湖州古铜镜；明清浙籍书画家的作品等，均为闻名遐迩的文化瑰宝。	历史艺术类博物馆 http://www.zhejiangmuseum.com/

续表

名称	评价	藏品	备注
青海盐湖博物馆	中国唯一盐业博物馆	展示的盐类形状十分奇特,有珍珠盐、玻璃盐、钟乳盐、珊瑚盐、水晶盐、雪花盐、蘑菇盐等许多美丽动人的品名。	自然科学博物馆 http://www.qhsaltlake.com/
广西博物馆	凸显壮族文化特色的博物馆	馆藏文物达50000多件,其中文物152件。为世界上收藏铜鼓最多的博物馆,藏品达360多面。一面北流型铜鼓面径达165厘米,重299公斤,被誉为"铜鼓之王"。还有80万年前的手斧,新石器时代神秘的大石铲,商代的兽面纹铜卣,汉代写有370多字的《从器志》木牍,绘有神话故事的漆绘铜盆和漆绘铜筒,高115.5厘米的大铜马、越式铜鼎、干栏式铜仓等出土文物藏品。	综合性地志博物馆 http://www.gxmuseum.com/
云南博物馆	全国一级博物馆。它利用丰富的藏品,举办过不同内容的陈列展览,全面、系统地展示了云南的社会历史文化面貌	国家一级文物1千余件。最具特色的是滇文化青铜器,南诏与大理国时期佛教文物,以及近现代多姿多彩的少数民族文物精品。晋宁石寨山出土的鎏金骑士贮贝器、江川李家山出土的牛虎铜案、大理三塔出土的大理国金阿嵯耶观音立像、呈贡王家营沐氏墓地出土的明代嵌宝石金发冠、北宋郭熙溪山行旅图轴、元代黄公望剡溪访戴图轴等文物,堪称国宝。	综合性的博物馆 http://www.ynbwg.cn/
四川三星堆博物馆	大型现代化的专题性遗址博物馆三星堆古遗址,被称为20世纪人类最伟大的考古发现之一,昭示了长江流域与黄河流域一样,同属中华文明的母体,被誉为"长江文明之源"	古代蜀国的许多光怪陆离奇诡谲的青铜造型,有高2.62米的青铜大立人,有宽1.38米的青铜面具,更有高达3.95米的青铜神树等,堪称独一无二。以流光溢彩的金杖为代表的金器,以满饰图案的边璋为代表的玉石器,为前所未见的稀世之珍。	历史考古类博物馆 http://www.sxd.cn/page/default.asp
甘肃博物馆	古代"丝绸之路"	35万多件珍贵文物。从白垩纪的古生物化石标本到旧石器、新石器时代的彩陶文化;从商周以来的青铜器、陶瓷玉器到汉唐的丝绸之路文明;包括宋、元、明、清的瓷器、木雕、丝织品、绘画等我馆都有丰富的收藏。其中尤其以馆藏彩陶、汉代简牍、文书、汉唐丝绸之路珍品、佛教艺术萃宝最为突出。	历史类博物馆 http://www.gansumuseum.com/

续表

名称	评价	藏品	备注
山西博物馆	国内屈指可数的大型现代化、综合性博物馆之一，为国家"九五"重点建设工程。	珍贵藏品约20万件。其中新石器时代陶寺遗址文物、商代方国文物、两周时期晋及三晋文物、北朝文物、石刻造像、山西地方陶瓷、金元戏曲文物、明清晋商文物等颇具特色。	综合性博物馆 http://www.shanxi-museum.com/
湖北博物馆	八家中央地方共建的国家级博物馆之一，是湖北省唯一的省级综合性博物馆。	世界上最庞大的青铜乐器曾侯乙墓编钟、中国冷兵器时代的翘楚之作越王勾践剑、地质年代早于北京人的郧县人头骨化石等。	综合性博物馆 http://www.hubei-museum.net/
内蒙古博物馆	展示了内蒙古生物进化的历程，展示了匈奴，突厥，契丹，蒙古等八个民族的历史，展示了内蒙古人民从"五四运动"到新中国成立的革命斗争史；展示了蒙古族，鄂伦春族，鄂温克族，达斡尔族人民独具特色的民俗文化。	四项基本陈列："内蒙古古生物陈列"、"内蒙古历史文物陈列"、"内蒙古革命文物陈列"、"内蒙古民族文物陈列"。代表作有：查干诺尔龙、匈奴王冠、钧窑香炉、辽代珍贵文物。	综合性博物馆
新疆博物馆	新疆文物收藏和科研中心，收藏历史文物、民族文物、革命文物等5万余件。	1.新疆少数民族民俗展览——系统介绍新疆12个少数民族在服饰、起居、节庆娱乐、婚丧、礼仪、饮食、宗教及其它方面各具风姿的民情风俗。 2.新疆历史和出土文物展览——展出了自四、五千年前直至近代从丝绸之路发掘及收集的一千多件珍贵文物，包括锦娟、陶瓷、泥俑、钱币、碑贴、文书、典籍、兵器、器具等等，向人们展示了古代西域的灿烂文化。 3.新疆古尸展览有距今3800余年的楼兰女尸；有距今3200余年的哈密女尸和距今3000年且末女尸。	历史类博物馆 http://www.xjmuseum.com

第二章　博物馆

续表

名称	评价	藏品	备注
西藏博物馆	具有鲜明的藏族传统建筑艺术特点，同时又深刻体现了现代建筑的实用特点和艺术神韵，展现出自己独具的建筑风格。	一千多件精选的文物展品，包括丰富的馆藏珍品，诸如各种类型的史前文化遗物，多种质地和造型的佛、菩萨人物造像，历代蘸金粉、银粉、珊瑚粉等手写的藏文典籍，五彩纷呈的唐卡画，各种乐器、法器，具有鲜明的民族特色的手工艺品，别有风格的陶器等等。	历史类博物馆 http://zt.tibet.cn/tibetzt/xzbwg/
安徽博物馆	以馆藏瓷器精品展、安徽古生物陈列、徽州古建筑陈列而著称。	馆藏文物近23万件，其中以商周青铜器、楚国货币、汉画像石、文房四宝、元代金银器、新安书画、徽州雕刻和古籍善本、徽州契约文书等最为突出；在现代艺术品中，著名旅法女画家潘玉良的4000余件作品珍藏于我馆，为国内外所瞩目。	综合类博物馆 http://www.ahm.cn/
莫高窟博物馆	衍生专门研究藏经洞典籍和敦煌艺术的学科——敦煌学。1961年，被公布为第一批全国重点文物保护单位之一。1987年，被列为世界文化遗产。	敦煌历史文物展室2个，展出本地出土收集的珍贵文物2000多件，莫高窟藏经洞出土的"敦煌遗书"和举世罕见的藏文写经，珍贵的古代地理、气象、军事写本等，都是镇馆之宝。	历史类博物馆 http://www.mogaoku.net/shiku/

2. 国外著名博物馆

表2.5　　　　　　　　　国外著名博物馆

名称	评价	藏品	备注
美国纽约大都会博物馆	当今世界最大、最好的艺术博物馆	36.5万件各类文物和艺术品。镇馆之宝为移置在馆内专建的大厅中巨型玻璃罩里的整座的2460年前的埃及古墓。收集了4个世纪以来五大洲的各民族服装1.5万件的服饰馆堪称世界之最。	综合性博物馆 http://www.metmuseum.org/

续表

名称	评价	藏品	备注
英国大不列颠博物馆	世界上最大、最早的博物馆	古代埃及和苏丹、钱币和奖章、人种学、希腊和罗马文物。	综合性博物馆 http://www.british-museum.org/default.aspx
法国卢浮宫	世界上最古老、最大、最著名的博物馆之一	被誉为世界三宝的《维纳斯》雕像、《蒙娜丽莎》油画和《胜利女神》石雕，更有大量希腊、罗马、埃及及东方的古董，还有法国、意大利的远古遗物。陈列面积5.5万平方米，藏品2.5万件。	综合性博物馆 http://www.louvre.fr/llv/commun/home.jsp
德国博物馆	拥有55000平方米的展览场地，是世界最好的科技博物馆	分采矿、动力、船舶、汽车、水利、机械、冶金、火车、飞机、航空、化学等展馆，展出各种实物和图片模型。	科技博物馆 http://www.dhm.de/
韩国国立中央博物馆	展出韩国五千年的历史文化遗物	藏品约10万件，青瓷狮子香炉、青瓷鱼龙、青瓷龟形。	历史艺术类博物馆 http://www.museum.go.kr/ChisMain.do
俄罗斯博物馆	是世界上藏品最丰富的实用艺术品博物馆。	实用艺术藏品中最丰富的是瓷器，约占该馆藏品总数的2/3。它囊括了从维诺格拉多夫时期起的俄国瓷器发展各个阶段的代表作品，《波尔塔瓦大会战》壁毯。	历史艺术类博物馆 http://www.museum.ru/
加拿大自然博物馆	反应加拿大百年积累的自然知识	加拿大百年历史中最杰出的石头城堡和来自自然的藏品。	http://www.nature.ca/
梵蒂冈博物馆	是世界上博物馆中最早的，雕塑的收集堪称一绝。	西斯廷小教堂和拉斐尔画室是梵蒂冈博物馆的镇馆之宝，藏有出米开朗基罗一人之手的世界名作穹顶画《创世纪》、巨幅壁画《最后的审判》以及拉斐尔组画《教权的建立和巩固》。	历史艺术类博物馆 http://mv.vatican.va/

第二章 博物馆

【练习题】

案例分析并思考(请仔细阅读下列案例,并在老师指导下,分析博物馆和旅行社的做法)

近日,陕西省宝鸡市法门寺博物馆与150多家旅行社签订合作协议,就法门寺博物馆联合促销达成一致,共同开拓旅游市场。

法门寺博物馆是佛教文化和大唐文化的主题性遗址博物馆,位于陕西省扶风扶县城北10公里处的法门镇,占地33966平方米,建筑面积3591平方米,建筑为仿唐建筑。1987年4月3日,封闭1000多年的法门寺地宫重新面世,出土了世上仅存的佛指舍利和唐朝七位皇帝供奉的数千件皇室绝世珍宝,被视为20世纪考古及佛教文化的重大发现。法门寺博物馆现有文物藏品两千余件。其中一级文物71件,二级文物37件。藏品等级高、质量精、种类齐全,多为唐皇室供奉法门寺文物和佛教文物。

据介绍,法门寺博物馆是陕西省西线旅游的"龙头产品"和"金子招牌",开馆十多年来,吸引着世界各地的游客前来朝拜、观光旅游,进行文化学术探求,使这里成为朝拜中心、旅游观览中心和学术文化中心。多年来,法门寺博物馆一直与旅行社保持着良好的合作关系,通过各种渠道给旅行社提供价格优惠和优质服务,逐步设立绿色通道,旅游旺季时优先通过,年终通过各旅行社输送的游客人数进行奖励。对于旅行社提出的将原来3月1日涨价的时间推后的建议,法门寺博物馆领导现场办公决定,国际旅行社推迟到6月1日,国内旅行社推迟到5月1日,受到旅行社的热烈欢迎。另外,150多家旅行社纷纷表示,在编排旅游线路和对外促销时,将法门寺编排在内,加大宣传力度,积极输送客源。

法门寺博物馆馆长姜捷告诉记者,与旅行社联合促销仅是他们营销策略的一部分。这几年博物馆积极改进市场促销手段,利用灵活多样的方式进行宣传,取得了很大的成绩,2006年接待游客超过32.5万人。并且,他们还积极加强基础设施建设,通过更加体贴、周到的服务,吸引越来越多的游客。

第三章　公园

公园＝"公"众的"园"林。

在古代，园林是属于官家的、贵族的。

资本主义初期的欧洲，一些皇家贵族的园林逐渐向公众开放，形成最初的公园。19世纪中叶，欧洲、美国和日本出现经设计、专供公众游览的近代公园。

中国的古典园林，也具有公园的一些特征——游玩、观赏、娱乐。由于投资者是贵族、富豪、官员，所以，是不对公众开放的。19世纪末20世纪初，中国各地相继建设公园。中国的公园建设，大多加入了中国古典园林建设的理念，成为中国传统文化的重要载体。

不管是中国还是外国，现代的公园一般是指具有休憩、观赏、游乐功能，供公众游憩，有一定规模的公共绿地。

一般来说，现代公园是由政府或公共团体建设经营；或者将过去的贵族园林，加以改造，增加一些告示等，成为公园。投资者的目的就是供公众游玩、观赏、娱乐。随着城市建设的进步，公园被赋予更多的使命：改善城市生态、防火、避难等作用。现代的公园以其环境幽深和清凉避暑而受到人们的喜爱，也成为情侣们，老人们，孩子们的共同圣地。

中华人民共和国建立后，各城市的公园建设迅速发展，并创造出不同的地方风格。中国城市公园分综合公园（市、区、居住区3级），专类公园（动物园、植物园、儿童公园等），花园（专类花园等）3种类型。之后，对于公园的分类，有了更新的看法。

不管怎么分类，在旅游业当中，各种各类的公园是旅游目的地之一。其中汇集了大量的旅游资源——有的是天赋的，比如自然景观；也有的是受美景吸引而来的后人增加的，比如碑刻、游记，或者游乐设施。

游客在公园里，有可能体验到旅游的六要素：食、宿、行、游、购、娱。

公园，已经成为旅游业中不可缺少的一环，是旅游者出游的重要动机之一。

一、公园现状

第三章 公园

1. 分类法与作用

在我国，根据国家建设部的《城市绿地分类标准》（CJJ/T85－2002），将在城市内绿地上建设的公园分为5大类。

部分地方政府出于旅游业发展的实际需要，结合地方情况和《城市绿地分类标准》，制定了一些地方性法规。目前制定了相应法规的有广州市、常州、福州、杭州、昆明、太原、成都、厦门、南京、株洲、重庆、上海、山西、四川、河南等十多个市/直辖市/省。

以广州为例，目前广州市各类公园已达191个，首个广州地方技术规范《城市公园分类》适用于广州市行政区内各类城市公园的规划设计与建设管理工作，于2007年10月1日正式实施。《城市公园分类》把广州的公园分为综合公园、社区公园、专类公园、带状公园和街旁绿地五种类型。《城市公园分类》规定，公园内包括游憩设施、服务设施、公用设施和管理设施在内的常规设施都应具备的，保证游人活动和管理使用。

问题出现了：由于部分景区，并不位于城市范围之类，但是在传统意义上，旅游者将之称为公园。同时，人们也把公园称为景区。

我们也注意到，如果不考虑是否在城市建设用地范围这一因素，《城市绿地分类标准》（CJJ/T85－2002）这一国家标准对于公园的实际性质和功能的认识是深刻而准确的。这样的分类方式，同样适用于未建在城市建设用地范围内的景区/公园。因此，按照其的实际功能并结合《城市绿地分类标准》（CJJ/T85－2002）对公园分类的实质内涵，可以将所有公园分为综合性、社区公园、专类公园、带状公园、街旁绿地等5种类型。

（1）综合公园

所谓综合性公园，内容丰富，有相应设施，适合于公众开展各类户外活动的规模较大的绿地。

综合性公园可以分为全市性公园和区域性公园两种。

全市性公园是为全市民服务，活动内容丰富、设施完善的绿地。比如，桂林七星公园。

区域性公园为市区内一定区域的居民服务，具有较丰富的活动内容和设施完善的绿地。

（2）社区公园

根据《辞海》的解释,"社区"的基本要素为:
①有一定的地域;②有一定的人群;③有一定的组织形式、共同的价值观念、行为规范及相应的管理机构;④有满足成员的物质和精神需求的各种生活服务设施。

在城市中,一个社区常常等同于一个街区。

居住区公园:服务于一个居住区的居民,具有一定活动内容和设施,为居住区配套建设的集中绿地,服务半径:0.5~1.0km。

小区游园:为一个居住小区的居民服务、配套建设的集中绿地,服务半径:0.3~0.5km。

(3) 专类公园

是指具有特定内容形式、有一定游憩设施的绿地。

【儿童公园】

单独设置,为少年儿童提供游戏及开展科普、文体活动,有安全、完善设施的绿地。

【动物园】

在人工饲养条件下,移地保护野生动物,供观赏、普及科学知识,进行科学研究和动物繁育,并具有良好设施的绿地。

【植物园】

进行植物科学研究和引种驯化,并供观赏、游憩及开展科普活动的绿地。

【史名园】

历史悠久,知名度高,体现传统造园艺术并被审定为文物保护单位的园林。

【景名胜公园】

以文物古迹、风景名胜点(区)为主形成的具有城市公园功能的绿地。

【乐公园】

具有大型游乐设施,单独设置,生态环境较好的绿地,绿化占地比例应大于等于65%。我们将在主题公园中,专门讲述游乐公园。

【学类公园】

地质公园、森林公园等。

【他专类公园】

除以上各种专类公园外具有特定主题内容的绿地。包括雕塑园、盆景园、体育公园、纪念性公园等绿化占地比例应大于等于65%。

(4)带状公园

"带状公园"常常结合城市道路、水系、城墙而建设,是绿地系统中颇具特色的构成要素,承担着城市生态廊道的职能。"带状公园"的宽度受用地条件的影响,一般呈狭长形,以绿化为主,辅以简单的设施。带状公园:沿城市道路、城墙、水系等,有一定游憩设施的狭长型绿地。

(5)街旁绿地

街旁绿地是指临街建筑和道路红线之间的绿地,是城市绿地系统中典型的"点"上绿地,其满足居民游憩的服务半径一般在500米范围之内;其布局形式灵活,不拘一格,设计手法多样,可因地制宜,因势而造;其面积可大可小,小的几百平方米,大的可达1公顷以上,可发展为广场绿地,甚至成为街头游园。

2.公园管理

(1)多头管理

在我国,公园分属于不同的部门管理。森林公园一般属于林业部门管辖,公园建设规划属于建设部管辖,公园的服务质量属于旅游行政管理部门管辖,而部分依据历史文化景点而建设的公园,还要受到文博部门的管辖;体育公园受到体育局的管辖。

多头管理,是目前我国公园建设、发展的一个重要障碍。

(2)定位不清

公园,应该是企业,还是事业单位?这个问题的答案,直接决定了公园应该更多地追求盈利还是社会效益。

(3)促销无力

定位不清,因此导致不知道促销什么?向谁促销?如何促销?

3.公园展览、展示现状

(1)静态展示

公园中的景物,多是静态的。

静态的含义,还包括:没有互动的、游客体验不够的。

(2)巡回展示

公园会定期、不定期地和一些文博单位开展巡游展览。

(3)基本没有促销

公园的门票价格,和旅游业挂钩不足。很少听说我国的公园有淡季价和旺季价的区分。

4.公园的促销与销售方式变革

(1)明确自身资源禀赋

公园是否应该是企业还是事业单位,首先需要明确公园本身的资源禀赋。公园的资源禀赋决定了公园在旅游文化市场中是否具有足够的吸引力,也就是盈利能力;同时,资源禀赋还决定了公园的性质。

因此,做一次"自我体检",是必须的。

(2)明确定位

"会诊的专家"至少应当包括旅游者、旅行社老总以及网民(如果公园有些知名度,如开设了网站就更好)。

体检之后,应当开具"体检报告"。这份报告应当至少包括了,旅游业界以及市民对于公园的认识,比如是什么类型的,什么档次等等。之后,应该写入期望值——也就是开发建议。

(3)保护与开发的关系

公园之素以成为公园,是因为内部的资源禀赋与众不同。而开发和保护的矛盾,是众所周知的。

公园应该如何处理这样的矛盾呢?

资源禀赋越高(尤其是列入世界遗产名录的),原态保护越大于商业开发;资源禀赋越低,则商业开发越大于原态保护。换句话说,就是资源禀赋和开发力度,可以成反比。

(4)更好地了解游客需求

(5)展开联营、积极促销

联营:捆绑,能将各自有限的旅游资源,整合在一起,发出一个共同的声音,给出一个更有力的价钱来吸引游客。

主动促销:要主动通过网络来宣传自己,不能坐等游客上门。

二、旅游者、旅行社眼中的公园

1.旅游者对公园的要求

对于旅游者而言,公园是否安全、干净(包括厕所、小卖部、园区卫生等)、好玩,是最重要的。

(1) 安全

安全，毫无争议，是所有人都最关系的。对游客而言，就是在公园内用餐、住宿、行走、游览、购物以及娱乐时，安全是否有保障。

比如，公园管理者和工作人员时候有安全意识？是否懂得安全急救常识？这将决定公园是否配备足够安全人员在巡逻，是否购买、安装并懂得使用监控设备等等。紧急时可以方便救治。

当然，无所不在的人员和设备，也会让游客感觉空间压抑！

(2) 卫生环境

厕所、小卖部、餐厅的卫生能让游客对公园的卫生条件产生决定性的评价。评价的依据有：

厕所：异味、可视性的脏物；

小卖部：垃圾桶；

餐厅：服务员的着装是否整洁、厨房的红案和白案是否混摆、餐厅是否有苍蝇等昆虫、餐厅地板是否油光可鉴、菜品是否色泽、味道正常。

(3) 是否好玩

这取决于3个问题：有什么可玩的？有没有互动性的项目？游览结束之后，有没有什么值得带走的？

第一个问题，也就是有什么旅游资源，以及资源的禀赋如何。

第二个问题，是游客参与性强不强的问题。

第三个问题，是售后服务的问题。旅游者能带走的，只有印象。如果有些纪念品、措施，能让游客留下好的印象，弱化不良印象，将对促销很有利。

2. 旅行社对公园的要求

(1) 关心游客关心的。

(2) 价格。

(3) 新设备以及新服务内容，以便保持吸引力（经典老牌经典除外）。

三、国内外著名公园

1. 国内著名公园

表3.1　　　　　　　　　　　　国内著名公园

名称	特色	备注
颐和园	颐和园是我国现存规模最大，保存最完整的皇家园林，为中国四大名园(另三座为承德的避暑山庄，苏州的拙政园，苏州的留园)之一，被誉为皇家园林博物馆。颐和园位于北京市西北近郊海淀区，距北京城区15千米。是利用昆明湖、万寿山为基址，以杭州西湖风景为蓝本，汲取江南园林的某些设计手法和意境而建成的一座大型天然山水园，也是保存得最完整的一座皇家行宫御苑，占地约290公顷。	专类公园之风景名胜公园。1998年12月2日，颐和园以其丰厚的历史文化积淀，优美的自然环境景观，卓越的保护管理工作被联合国教科文组织列入《世界遗产名录》，誉为世界几大文明之一的有力象征。颐和园于1987年被批准为世界文化遗产。
天坛公园	是明朝、清朝两代帝王冬至日祭皇天上帝和正月上辛日行祈谷礼的地方。天坛的建筑不仅具有独特的艺术风格，而且有些建筑还巧妙地运用了力学、声学、几何学原理。天坛是世界上最大的祭天建筑群。	专类公园之历史名园。1961年，国务院公布天坛为"全国重点文物保护单位"。1998年被联合国教科文组织确认为"世界文化遗产"。2007年5月8日，经国家旅游局正式批准为国家5A级旅游景区。
北海公园	北海公园位于北京市中心区，城内景山西侧，在故宫的西北面，与中海、南海合称三海。属于中国古代皇家园林。全园以北海为中心，面积约71公顷，水面占583市亩，陆地占480市亩。这里原是辽、金、元建离宫，明、清辟为帝王御苑，是中国现存最古老、最完整、最具综合性和代表性的皇家园林之一，1925年开放为公园。是中国保留下来的最悠久最完整的皇家园林。	专类公园之历史名园，为中国全国重点文物保护单位，是国家AAAA级旅游景区。
苏州古典园林	私家园林始建于公元前6世纪，至明代建园之风尤盛，清末时城内外有园林170多处。为苏州赢得了"园林之城"的称号。现存名园十余处，闻名遐尔的有沧浪亭、狮子林、拙政园、留园、网狮园、怡园等。苏州园林战地面积小，采用变换无穷、不拘一格的艺术手法，以中国山水花鸟的情趣，寓唐诗宋词的意境，在有限的空间内点缀假山、树木，安排亭台楼阁、池塘小桥，使苏州园林以景取胜，景因园异，给人以小中见大的艺术效果。拙政园享有"江南名园精华"的盛誉。宋、元、明、清历代园林各具自然的、历史的、文化的、艺术的特色。	专类公园之历史名园。1997年12月，江苏苏州古典园林被列入《世界遗产名录》。

第三章 公园

续表

名称	特色	备注
张家界国家森林公园	以独特的石英砂峰林地貌著称，集"雄、奇、幽、野、秀"为一体，是"缩小的仙境，扩大的盆景"。公园已开辟黄石寨、金鞭溪、鹞子寨、袁家界等精品游览线，130多处精华景点。公园不仅自然景观奇特，而且动植物资源异常丰富。有木本植物93科517种，观赏植物720种，鸟类13科41种，兽类28种，有"天然植物园"、"动物王国"之称。	我国第一个国家森林公园
九寨沟地质公园	九寨沟四季景色均极迷人，素有"童话世界"、"人间仙境"之称。九寨沟四季景色均极迷人。九寨沟有堪称地球上最清新的空气，其大气水平能见度达50千米。这里仍保存着第四纪古冰川的遗迹，冰斗、冰谷十分典型，悬谷、槽谷独具风韵。较发达的冰川地貌和岩溶地貌奠定了九寨风光的基础。由于流水、生物喀斯特等综合作用，以钙华附着沉积形成了池海堤垣，堵塞水流形成湖泊或阶梯状的海子群，形成高大的瀑布或低矮的跌水，加上一些水生植物和苔藓及藻类的繁衍，不少湖泊变得五彩缤纷，造就了九寨沟多姿多彩的独特景观。	国家级地质公园。九寨沟地质公园在四川省西北部阿坝州九寨沟县境内，地处青藏高原东南边缘的岷尔纳山峰北麓。
庐山地质公园	地质公园内发育有地垒式断块山与第四纪冰川遗迹，以及第四纪冰川地层剖面和早元古代星子岩群地层剖面。迄今为止，在庐山共发现一百余处重要冰川地质遗迹，完整地记录了冰雪堆积、冰川形成、冰川运动、侵蚀岩体、搬运岩石、沉积泥砾的全过程，是中国东部古气候变化和地质特征的历史记录。与欧洲阿尔卑斯地区及北美地区第四纪冰川活动特征有许多相似之处，具有全球对比意义，对研究全球古气候变化和地质发展史具有极高的科学价值。庐山既是中国山水文化的重要发祥地，又是以陶渊明为创始人的中国田园诗的诞生地。蕴含中西的庐山建筑文化驰名中外，在庐山牯岭建别墅近千栋，被称为"万国公园"、"世界村"。	位于江西省九江市，总占地面积500平方公里，主要地质遗迹类型为地质地貌、地质剖面。
云南石林地质公园	具有最为多样的石林喀斯特形态，世界各地最为典型的石林喀斯特形态在这里都可以找到，堪称"石林喀斯特博物馆"，具有极高的科学和美学价值。是目前唯一位于亚热带高原地区的石林。彝族撒尼人已在石林地区居住了两千多年，脍炙人口的《阿诗玛》史诗，热烈的火把节，欢快的"阿细跳月"，深情的《远方的客人请您留下来》早已广为人知。	位于云南省，是一个以石林地貌景观为主的岩溶地质公园。总占地面积400平方公里，主要地质遗迹类型为岩溶地质地貌。
玉山国家公园	涵盖行政区域包括南投县、嘉义县、高雄县以及花莲县。园区位居台湾本岛中央地带，地理位置独特，奇峰兀立，雄伟壮丽，为台湾高山少数仍保存原始风貌之地区。其间包括有东北亚第一高峰，海拔3952米之玉山主峰，主峰邻近地区崇山峻岭，溪谷深邃，天然植被随海拔之变化而异，由亚热带、温带以至寒带，林相次第变化，野生动物孳生，并具有清朝所建历史遗迹——八通关古道；全区蕴藏许多珍贵之生态资源及人文史迹。	成立于1985年4月10日，总面积多达105,491公顷
黄山地质公园	四绝：奇松、怪石、云海、温泉。有名句：五岳归来不看山，黄山归来不看岳。	于风光秀丽的皖南山区，面积约1200平方公里，是以中生代花岗岩地貌为特征的地质公园。

2. 国外著名公园

表3.2 国外著名公园

北美

名称	特色	备注
黄石国家公园 Yellow Stone National Park	黄石河、黄石湖纵贯其中，有峡谷、瀑布、温泉以及间歇喷泉等，景色秀丽，引人入胜。其中尤以每小时喷水一次的"老实泉"最著名。园内森林茂密，还牧养了一些残存的野生动物如美洲野牛等，供人观赏。园内设有历史古迹博物馆。使黄石成为国家公园的显著特征是地质方面的地热现象，这里拥有比世界上其他所有地方都多的间歇泉和温泉、彩色的黄石河大峡谷、化石森林，以及黄石湖。黄石公园以熊为其象征。园内约有200多只黑熊，100多只灰熊。	地质公园。世界上最早的国家公园。它在1978年被列为世界自然遗产。位于美国（The United States of America）西部北落基山和中落基山之间的熔岩高原上，绝大部分在怀俄明州的西北部。海拔2134～2438米，面积8956平方公里。
纽约中央公园 Central Park	南起59街，北抵110街，东西两侧被著名的第五大道和中央公园西大道所围合，中央公园名副其实地坐落在纽约曼哈顿岛的中央。340公顷的宏大面积使她与自由女神、帝国大厦等同为纽约乃至美国的象征。里面设施浅绿色茵草地、树木郁郁的小森林、庭院、溜冰场、回转木马、露天剧场、两座小动物园，可以泛舟水面的湖、网球场、运动场、美术馆等等，为忙碌紧张的生活提供一个悠闲的场所。	坐落在摩天大楼耸立的曼哈顿正中，占地843英亩，是个纽约最大的都市公园，也是纽约第一个完全以园林学为设计准则建立的公园。中央公园号称纽约"后花园"的中央公园，面积广达843英亩，是一块完全人造的自然景观。
科罗拉多大峡谷国家公园 Grand Canyon National Park	大峡谷峭壁险峻，色彩斑斓，景色壮观，是世界陆地上最长的峡谷之一。两岸垂直岩层记录了过去20亿年地层变化历史，沿崖壁出露着寒武纪到新生代的各期岩系，含有代表性生物化石，大峡谷因此有"活的地质史教科书"美称。同时，这里还是风蚀地貌和昆虫研究的最佳场所。沿科罗拉多河的漂流，穿越大峡谷，令人叹为观止。	位于美国西南部亚利桑那州的西北，深约1800米，长440多千米，宽在6.4千米至29千米之间。1979年被纳入世界遗产名录。
约塞米蒂国家公园 Yosemite National Park	美国西部最美丽、参观人数最多的国家公园之一，与大峡谷国家公园、黄石国家公园齐名。世界遗产委员会评价："位于美国加利福尼亚中心的以许多山谷、瀑布、内湖、冰山、冰碛闻名于世的约塞米蒂国家公园，给我们展示了世上罕见的由冰川作用而成的大量的花岗岩浮雕。在它海拔600～4000米中，还发现了许多世上稀有的植物和动物种类存活。"还有三个巨大的世界爷（巨杉）树林，千年古木参天，蔚为奇观。	位于加利福尼亚州东部内华达山脉（Sierra Nevada）上。1984年联合国教科文组织根据自然遗产评选标准N（Ⅰ）（Ⅱ）（Ⅲ）将其作为自然遗产，列入《世界遗产目录》，编号：712－013。

续表

名称	特色	备注
大雾山国家公园	拥有3500种特有植物和许多濒临灭绝的动物,尤其在这里发现了世界上最大的鲵群。阿帕拉契小径是世界上最长的连续步行路径,从西南到东北将公园一分为二。小径始于乔治亚州的斯普林吉尔山,途经14个州,止于缅因州的卡塔丁山,全长3498千米。1968年该小径被指定为国家观光小径。公园拥有1520种花卉、130种树木、50种哺乳动物和27种活蜥蜴。许多物种是世界上绝无仅有的。这些植物与在太平洋对岸发现的植物具有某种联系,这证明了地质历史时期树木和花卉通过Bering大陆桥从亚洲向美洲的迁移。	美国田纳西州东部和北卡罗莱那州西部交界处。1983年联合国教科文组织将大雾山国家公园作为自然遗产,列入《世界遗产名录》。是联合国国际生物圈保护地。
夏威夷火山国家公园 Hawaii Volcanoes National Park	基拉韦厄和冒纳罗亚两座现代活火山是这个公园的主要组成部分。同时它们也是夏威夷火山国家公园闻名遐迩的显著性标志。	夏威夷火山国家公园位于美国夏威夷州的夏威夷岛上,面积929平方千米。1987年根据自然遗产评选标准N(Ⅱ)被列入《世界遗产目录》。在1980年成为教科文组织生物圈保护区。
红杉树国家公园 Redwood National Park	内有世界上现存面积最大的红杉树林,其中百年以上的老林区有170多平方千米。有三棵红杉称得上是世界之最,其中最高的一棵是1963年美国国家地理学会发现的,当时测得的高度为112米多,是有记载以来最高的树木。	位于美国西部加利福尼亚州西北的太平洋沿岸。1980年联合国教科文组织将红杉树国家公园作为自然遗产,列入《世界遗产名录》,将其纳入加州西海岸生物圈保护区。
大沼泽地国家公园 Everglades National Park	已经覆盖140万英亩。6英寸深、50英里宽的淡水河缓缓流过广袤的平原,造就了这种独特的大沼泽地环境。辽阔的沼泽地、壮观的松树林和星罗棋布的红树林为无数野生动物提供了安居之地。这是美国最大的亚热带野生动物保护地。园内有300多种鸟类,较珍贵的像苍鹭、白鹭。美洲鳄、海牛和佛罗里达黑豹也受到良好的保护。	位于佛罗里达州的南端。1993年12月大沼泽地国家公园被列入濒危的世界遗产名录中,2007年6月26日第31届世界遗产大会将其从"濒危"世界遗产名单上去除。
奥林匹克国家公园 Olympic National Park	雪山、温带雨林和海滨三部分组成,从海边的温暖潮湿到高山上的严寒,游客可于同一次参观经历中体会一年四季的气候以及相应的不同自然生态。这是著名的温带雨林生态环境保护区,公园山高、湖多的特点,赋予了它美丽极致的景色。	位于美国华盛顿州西北角的奥林匹克半岛上,濒临太平洋,离西雅图约有三至四小时车程。1976年列入国际生物保护圈;1981年联合国教科文组织将奥林匹克国家公园作为自然遗产,列入《世界遗产名录》。

续表

名称	特色	备注
卡尔斯巴德洞窟国家公园 Carlsbad Caverns National Park	公园包括83个独立的洞穴。这是一个神奇的洞穴世界，它以丰富多样而美丽的矿物质而著称。龙舌兰洞穴，构成了一个地下的实验室，在这里可以研究地质变迁的真实过程。最吸引人的是巨室洞穴，1200米长，188米宽，85米高。四壁的钟乳幔将其装得犹如一座豪华的宫殿。迄今探查到的最深的洞穴位于地表以下305米，溶洞中最大的一处比14个足球场面积的总和还大，整个洞窟群长达近百千米，是世界上最长的山洞群之一。另一壮观景象是栖息在卡尔斯巴德洞窟里上百万只的蝙蝠。每到黄昏来临，蝙蝠从那冷昏暗的洞窟中倾巢出动，在沙漠黄昏的天底下遮天盖地，场面之大令人瞠目结舌。	位于美国西部的新墨西哥州，190平方千米，其各具特色的洞穴构成了一个多姿多彩的地下世界。1995年联合国教科文组织将卡尔斯巴德洞窟国家公园作为自然遗产，列入《世界遗产名录》。
班夫国家公园 Banff National Park	路易斯湖滑雪场班夫国家公园是阿尔伯塔省最受欢迎的旅游地点。	加拿大第一个国家公园，避暑胜地。位于阿尔伯塔省西南部，与不列颠哥伦比亚省交界的落基山东麓。1984年加入联合国教科文组织《世界遗产名录》。
艾伯塔省恐龙公园 Dinosaur Provincial Park	公园地形十分奇特，这里的荒原奇形怪状，形成石柱、山峰和重重叠叠的彩色岩层，以及其他奇观异景。世界遗产委员会评价：除了秀丽的风景之外，坐落在艾伯塔省的这个公园还有许多极为重要的"爬行动物时代"的化石，特别是其中的六十多个分别代表了七种恐龙的化石，可以追溯到七千五百万年前。	在加拿大艾伯塔省西南角红鹿河一带。1979年根据自然遗产遴选标准N(I)(III)被列入《世界遗产名录》。

表3.2　　　　　　　　　　　国外著名公园

中南美洲

名称	特色	备注
蒂卡尔国家公园 Tikal National Park	坐落着被繁茂的植被环绕着的玛雅文明的主要遗迹，它是迄今人们了解最多、规模最大的玛雅古城之一。蒂卡尔经历了玛雅文明的黄金时代(公元300~900年)。这是一个修建巨型纪念物、发明象形文字(其中大部分至今尚未破译)和制造复杂计时器的时代，也是制陶工艺和宝石加工按照独特风格蓬勃发展的时代，发掘出的3000余座建筑，表明这里是平原玛雅帝国的最大首都和玛雅文明的中心，蒂卡尔城最高的建筑是6座傲然耸立的金字塔，石灰石构筑的金字塔平台在莽莽森林中矗立而起，顶端各有一座小庙。最高的一座金字塔自底部至顶端高70米，是美洲印第安人修造的最高建筑物。蒂卡尔的庙宇宫殿皆环绕广场和庭院而建，建筑物前雕刻的石碑和祭台林立成行，井然有序。宽阔的石阶路由外部庙堂通向中心广场。城市用水由蓄藏量丰富的地下水库供应。蒂卡尔堪称建筑奇迹，尤其在缺乏车辆、滚轮和拖曳牲畜的条件下建造如此辉煌壮丽的都市，实在令人惊叹。出于至今仍不十分清楚的原因，后来这座城市的人口慢慢地减少，以至整个城市最终被遗弃。	在危地马拉丛林的心脏地带。1979年根据文化遗产遴选标准C(I)(III)(IV)；N(II)(IV)被列入《世界遗产名录》。

第三章 公园

续表

名称	特色	备注
伊瓜苏 国家公园 Iguassu National Park （巴西-阿根廷）	高80米，长度上延伸至2700米的世界上最壮观的瀑布之一伊瓜苏瀑布就位于这个地区的中心。气势恢宏的伊瓜苏瀑布是世界最壮观的瀑布之一，被誉为"南美第一奇观"和"世界上最大和最感人的瀑布"。许多小瀑布成片排开，层叠而下，激起巨大的水花。典型的亚热带的湿润气候形成了伊瓜苏公园内特有的生态系统。周围生长着200多种维管植物的亚热带雨林，许多稀有和濒危动植物物种在公园中得到保护，这里是南美洲有代表性的野生动物貘、大水獭、食蚁动物、吼猴、虎猫、美洲虎和大鳄鱼的快乐家园。公园内的植物种类非常丰富，是世界上不可多得的自然博物馆。最著名的是高达40米的巨型玫瑰红树。这种红树高大笔挺，它的树阴下生长着珍稀树种——矮扇棕树。	处于玄武岩地带，跨越阿根廷和巴西国界。1984年和1986年，阿根廷伊瓜苏国家公园和巴西伊瓜苏国家公园先后被联合国教科文组织作为自然遗产，列入《世界遗产名录》。
达连国家公园 Darien National Park	地理位置堪称世上绝无仅有，因为公园成为沟通中美洲与南美洲之间的陆地桥。自然环境千姿百态：砂质的海滩，岩石林立的海滨，红树林，淡水沼泽地，棕榈阔叶森林沼泽地带，低地和高地地区的潮湿热带雨林。科学家认为达连森林是热带美洲地区生态系统最富有多元化的特征。居住在达连公园中的两个印第安部落分别形成了两种不同的文化：乔科文化和库纳文化。树木高度平均为40米，密度为每公顷30～180株。一种名为库依波的巨树格外引人瞩目。一些濒临灭绝的野生动物，如美洲豹、红猴、貘、中美洲凯门鳄、美洲鳄、水豚等栖息在这里。	位于巴拿马达连省东部与哥伦比亚交界处，是南美洲与北美洲之间相互连接的桥梁。1981年被列入世界遗产目录。公园占地面积为597,000公顷，海拔高度介于海平面与1875米之间。1981年根据文化遗产遴选标准 N(Ⅱ)(Ⅲ)(Ⅳ) 被列入《世界遗产名录》。
拉帕努伊 国家公园 Rapa Nui National Park	荷兰航海家雅克布·罗格宾于1722年4月5日发现了这个小岛，因那天正好是复活节，所以就把它叫成了复活节岛。拉帕努伊是智利当地人对复活节岛的称呼。复活节岛上最著名的是巨大的石雕像，已发现的约有1000尊。这些巨大的石雕像大多在海边，有的竖立在草丛中，有的倒在地面上，有的竖在祭坛上。石像一般7～10米高，重约90吨。它们的头较长，眼窝深，鼻子高，下巴突出，耳朵较长。它们没有脚，双臂垂在身躯两旁，双手放在肚皮上。这些石雕像是用淡黄色火山石雕刻成的。它们令人费解地凝望着远处的大海。发现了刻有象形文字的木板，这证明岛上的人是懂书写的。至于这些象形符号的含义，则始终是个不解之谜。	1995年，拉帕努伊国家公园（即复活节岛）被联合国教科文组织列入世界遗产。

续表

名称	特色	备注
卡奈马国家公园 Canaima National Park	30000平方公里，它的面积相当于欧洲比利时的国土面积。以便保护其中的河流盆地的各个分水岭。当时，它已经变成世界上最大的国家公园。还因拥有大量景象壮观的瀑布而闻名于世，被称为"瀑布之乡"。这里的瀑布众多，落差有几百米。最著名的是安赫尔瀑布，底宽152米，落差达979米，是世界上落差最大的瀑布。公园65%的土地由石板山覆盖，这些生物地质学的实体构成的石板山极具地质学价值。	绵延于圭亚那和巴西边界线之间的委内瑞拉东南部。由于它的非凡美景和生物地理上的价值，1994年被列入《世界遗产名录》。
欧洲伦敦海德公园 Hyde park	十八世纪前这里是英王的狩鹿场。海德公园从东南方进入有三条路线：左边是比较宽广的Rotten Row，许多社交名流喜在此游乐骑马；另一条延伸到东北的Park Lane，高级大饭店和住宅林立；往北方有著名的演讲角（Speaker's Corner）。speaker's corner是一个大的可以公开发表自己观点的地方，经常可见有人在此即兴演讲。在Hyde park的南端有Hyde park骑兵营，清晨首先看到的一定是在训马。海德公园西边即为肯辛顿公园，有一个蛇形湖泊，其旁的同名艺廊（Serpentine Gallery）颇受欢迎。	海德公园占地160万平方米，是伦敦最知名的公园。
英国湖区国家公园	英国湖区是英国人的心灵之乡，用"湖光山色"用来形容英格兰湖区的景色是再合适不过的了。湖区拥有英格兰最高峰斯科菲峰（Scafell Pike）和英格兰最大的湖温德米尔湖。坎伯里山脉横贯湖区，把湖区分为南、北、西三个区。	被英国人自己称为"后花园"的湖区，位于英格兰西北海岸，靠近苏格兰边界方圆2300平方公里，内有大小不一的16个湖。
牛津大学植物园	是英国最古老和经典的植物园，由亨利·丹佛斯和其后的厄尔利·丹拜创建的"药圃"发展而成。它由三个部分组成，即建园初期建成的古老围墙围成的老园、位于老园北部的新园以及温室。老园内呈规则式布局，植物根据其原产地、科属以及经济价值进行分类种植。收集了两百余种斑叶植物，沃尔特植物园有一棵公元1800年种植的茁壮的欧洲黑松，它被公认为是英国最早的树木。	位于牛津大学中心城的东南角。牛津大学植物园始建于1621年，距今已有380多年的历史。
邱园 The Royal Botanic GardensKew	主园加卫星园共有360公顷，成为规模巨大的世界级植物园。收集了全世界超过5万种植物，活的树木便有25万棵之多。邱园植物标本馆收集了500万份标本。建有26个专业花园：水生花园、树木园、杜鹃园、杜鹃谷、竹园、玫瑰园、草园、日本风景园、柏园等。已经从单一娱乐性的植物收集和展示转向植物科学和经济的应用研究。	坐落在伦敦三区的西南角。邱园是联合国认定的世界文化遗产。

续表

名称	特色	备注
乐高园	占地面积25公顷，是一个用320万块积木建成的"小人国"，最有特色的当然是形形色色、栩栩如生的积木艺术品，每件艺术品都以与实物1：20的比例用塑料积木拼插而成。乐高玩具工作室里提供了成千上万的乐高积木，可以让大人孩子都可以一展身手，园内最主要的活动当然还是各种游乐项目，这些游乐设施也大多是用积木拼成的。	位于丹麦日德兰半岛东岸的小镇比隆，占地面积25公顷。
蒂沃利公园 Tivoli Gardens	是丹麦著名的游乐园，有"童话之城"之称，除了其别致的景色以外，还得益于其悠久的历史和传统。公园内设有20多条惊险程度各异的历险路线，还可沿飞天干线浏览安徒生童话故事里一幕幕脍炙人口的童话故事。	丹麦首都哥本哈根闹市中心，占地20英亩。
格雷梅国家公园（土耳其）	公园内的卡帕多西亚奇石林以壮观的火山岩群、古老的岩穴教堂和洞穴式住房闻名于世。在这看似荒无人烟的悬崖绝壁中，隐藏着成百上千座古老的岩穴教堂、不计其数的洞窟住房和规模宏大的地下建筑遗址。远望去一座座石丘拔地而起，上面密密麻麻开凿了无数窟窿。究竟是什么民族最早创造出这种崖居建筑形式？考古学家对此一筹莫展。卡帕多西亚奇石林泛指土耳其首都安卡拉东南约280千米处的阿瓦诺斯、内夫谢希尔和于尔居普三个城镇之间的一片三角形地带。这里被誉为土耳其天然景致的王牌，是土耳其人引以为傲的观光资源。	位于土耳其中部的安纳托利亚高原上的卡帕多西亚省，处在内夫谢希尔、阿瓦诺斯、于尔居普三座城市之中的一片三角形地带。格雷梅国家公园和卡帕多西亚石窟群，作为自然与文化双重遗产，1985年被列入《世界遗产名录》。
尼斯凤凰公园	最吸引人的是主题为"热带梦想"的热带雨林馆，该展区位于温室的中心部位并延伸至出入口，这里展出了棕榈科、芭蕉科、豆科、桑科等典型的热带植物，高大的乔木与灌木、草本、地被、藤蔓植物组成了层次丰富的热带丛林景观，充分体现了植物的多样性。	地处尼斯城的入口处。凤凰公园占地7公顷，拥有植物2500种。此外园区内还展示鹦鹉、猫头鹰等动物的馆舍，因此可说凤凰公园也是一个动植物公园。
贝希特斯加登国家公园 National Park Berchtesgaden	公园内均为天然景观，国王湖和瓦茨曼山（Watzmann 德国的第二高峰）是最值得德国人夸耀的风景胜地。贝希特斯加登也以希特勒的"鹰巢"而闻名。贝希特斯加登国家公园著名景点是白垩沉积岩。	位于德国东南部的巴伐利亚州，是德国境内阿尔卑斯山地区最早的保护区之一。

续表

名称	特色	备注
柏林大莱植物园 Berlin–Dahlem Botanic Garden	栽培了6400种植物。园区按照世界植物地理区系规划，分别栽培了代表欧洲、亚洲、大洋洲、美洲和非洲的植物，堪称是世界植物区系的缩影。在此可真切感受"世界植物一日行"。	以植物地理学研究而闻名。占地面积达园区三分之一的植物地理区由恩格勒设计。
比亚沃维耶扎森林公园 Belovezhskaya Pushcha/Bialowieza Forest	公园跨波兰和白俄罗斯。这里的珍稀的动植物品种提供了可以让游人一览史前原始风貌的视窗。原始森林里有一千多种植物。在这里，有极其珍稀的一种野马，叫草原野马。现已发掘出六百多座古斯拉夫墓，其中最大的墓群由一百三十四座墓组成。	1992年根据自然遗产遴选标准N（Ⅲ）被列入《世界遗产名录》。被认定为联合国教科文组织"世界生物圈保护计划"的一部分。
布里特威斯湖国家公园 Plitvice Lakes National Park	数千年来流经石灰石和白垩上的水，逐渐沉积为石灰华屏障，构成然的堤坝，后者又创造了一系列美丽的湖泊、洞和瀑布。这种地理进程今天仍在继续。公园里的森林是熊、和许多稀有鸟类的避难所。	1979年，克罗地亚布里特威斯湖国家公园评为世界自然遗产。
帕多瓦植物园 The Botanical Garden	世界上第一个植物园于1545年建于帕多瓦，它至今仍保留着最初的建筑风格——一块象征着世界大陆的圆形土地被淙淙的水流而环绕。展览温室内布置设计热带雨林和室内花园两大主题，展示世界各地热带植物3500余种。展示的植物神奇多样，包括胸径2.3米，高14米，重达20吨的环纹榕（集绞杀、附生和木质藤本等热带雨林现象为一体），自然高度达70~80米的东南亚热带雨林中最高的树种——望天树；还有据传是释迦牟尼在其下觉悟的圣树——菩提树和据传是释迦牟尼在其下诞生的无忧花等。帕多瓦植物园，位于意大利北部，距威尼斯35千米。帕多瓦是意大利北部城市。	1997年，联合国教科文组织将帕多瓦植物园作为文化遗产，列入《世界遗产名录》。
亚洲奇特万皇家国家公园	是世界上已经罕见的亚洲独角犀牛的栖息之地和孟加拉虎的最后藏身地之一。	位于尼泊尔南部特拉伊平原的天然动物保护区，占地930平方千米。1984年，被列入《世界遗产名录》。
日光国立公园	日光就逐渐发展成为一个文化和宗教中心。日光国立公园的两个主要的游览点：以东照宫为主体的寺庙群和神桥。东照宫是日光主要的神社，是为纪念江户时代的第一个幕府将军暨德川幕府的创始人德川家康而修建的。日本著名的沼泽地带，春天繁花似锦，夏天草色青青，秋天天高云淡。那须高原，是有名的避暑胜地。	位于栃木县，也包括了群马县和福岛县的部分地区。1934年12月4，与大雪山国立公园、阿赛国立公园、中部山岳国立公园、阿苏国立公园同时被指定为国立公园。总面积114,818公顷。

第三章 公园

续表

名称	特色	备注
萨加玛塔国家公园 Sagarmatha National Park	坐落在珠穆朗玛峰南坡,是尼泊尔著名的旅游胜地,北部与西藏珠穆朗玛自然保护区接壤。萨加玛塔属于一个特殊的地区,全区遍布形态各异的山脉,冰河和深谷,主要的山脉是珠穆朗玛山,拥有世界最高的山峰,海拔 8844.43 米。公园里保护着许多稀有的物种,例如雪豹和小熊猫。由于舍帕斯部落的存在,它们独特的文化增添了这一地区的吸引力。	位于尼泊尔喜马拉雅山区,首都加德满都东北的索洛—昆布地区,公园总面积 1244 平方千米。1979 年,联合国教科文组织将萨加玛塔国家公园作为首批文化遗产和自然遗产之一,列入《世界遗产名录》。
偕乐园 Mito Kairakuen	以园中的梅花而著名,偕乐园中有 100 个种类 3000 株以上的梅花。于往年 2 月 20 日–3 月 31 日梅花盛开之际,与弘道馆等处一起举办"水户梅花节"。还种植了菜花、秋菊等四季应时的花草,很受年轻的恋人和全家同游的游客的欢迎,成了市民休闲娱乐的场所。除此之外,还有樱花节、杜鹃花节、胡枝子节、菊花节等各种节日。	位于茨城县水户市,日本三名园之一。
普林塞萨港地下河国家公园 Puerto-Princesa Subterranean River National Park	菲律宾普林塞萨港地下河国家公园的特色是雄巍的石灰石喀斯特地貌和那里的地下河流。河流的特点是直接流入大海,河流下游受潮汐影响。这个地方还是不同生物的保护区。该公园包括整个"山–海"生态系统,并保护了亚洲一些非常重要的森林。	是世界野生动物保护基金组织保护的 200 个生态区域之一。
加济兰加国家公园	这个公园里生活着世界上最大种群、最多数量的独角犀牛。在这里栖息的鸟类足足有 300 多种。有三种主要的植被:冲积而成的草原、热带湿润常绿林以及热带半绿林。草原在公园西部占据着绝对优势。	位于印度阿萨姆邦中心地带,占地 430 平方千米。1985 年,该公园被列为世界文化遗产。
新加坡动物园 Singapore Zoo	以天然屏障代替栅栏,为各种动物创造天然的生活环境,饲养了 300 多个品种约 3050 只动物。	位于新加坡北部的万里湖路,占地 28.3 公顷,采用全开放式的模式,是世界十大动物园之一。
科莫多国家公园 Komodo National Park	包括印度尼西亚的科莫多岛、帕达尔岛和林卡岛 3 个较大的岛屿,以及 26 个小岛,其中陆地面积 603km。这个国家公园建立的目的是保护世上最大的蜥蜴科莫多龙,后来致力于保护包括海洋物种在内的多种生物。	位于小巽他群岛地区。1977 年成为联合国教科文组织生物圈保护区。1991 年获联合国教科文组织列入《世界遗产名录》。
纳库鲁湖国家公园	被称为"火烈鸟的天堂",在这一带生活的火烈鸟约有 200 多万只,占世界火烈鸟总数的三分之一。火烈鸟起飞的奇景被誉为"世界禽鸟王国中的绝景"。栖息着 400 多种、数百万只珍禽,因此这里也是"鸟类学家的天堂"。	位于肯尼亚裂谷省首府纳库鲁市南部,占地 188 平方千米。

续表

名称	特色	备注
洛伦茨国家公园 Lorentz National Park	是东南亚最大的保护区,也是世界上唯一一个既包括雪地又有热带海洋,以及延伸的低地和沼泽地的保护区。公园被划分为两个十分明显的地区:沼泽地和中央山脉的山区。它位于两个大陆碰撞的地方,这里既有山脉的形成又有冰河作用,还保存着化石遗址,记载了新几内亚生命的进化。这一地区拥有动植物的地方特色及高度的生物差异性。	位于新几内亚的查亚省内,绵延150多千米。1999年根据自然遗产遴选标准N(I),(II),(IV)被列入《世界遗产名录》。
非洲克鲁格国家公园 Kruger National Park	是世界上自然环境保持最好的、动物品种最多的野生动物保护区,有大象、狮子、犀牛、羚羊、长颈鹿、野水牛、斑马、鳄鱼、河马、豹、猎豹、牛羚、黑斑羚、鸟类等异兽珍禽。有非洲独有的、高大的猴面包树。每年6~9月的旱季是入园观览旅行的最好季节。	位于南非德兰士瓦省东北部,勒邦博山脉以西地区。毗邻津巴布韦、莫桑比克二国边境。公园长约320千米,宽64千米,占地约2万平方千米。
旨尼亚山国家公园 Mount Kenya National Park / Natural Forest	肯尼亚山海拔5199米,是非洲的第二高峰。它是古代的一座死火山,在它的活动期(约310万~260万年前)它的高度可能达到6500米。山上有12条小冰川,它们融化迅速,还有四个次级山峰坐落在U形冰川谷的顶部。注册的地区包括山上的斜坡和由两个突起的高地构成的国家公园以及环绕着的森林保护区。崎岖的冰川和森林覆盖的斜坡使肯尼亚山成为东非最引人注目的地貌。在这里非洲高山地区的植物的演化和生态也为生态进程的发展提供了突出的样例。	位于肯尼亚东部,距离首都内罗毕东北193千米处,它横跨赤道。1978年4月成为联合国教科文组织人与生物圈规划的一个生态保护区。1997年列入《世界遗产名录》。
塞伦盖蒂国家公园 Serengeti National Park	坦桑尼亚这个保护区与北部肯尼亚的马赛－玛拉国家公园共同组成了闻名遐迩的塞伦盖蒂－玛拉生态区。由于拥有现今极大规模的动物群落而闻名遐迩。塞伦盖蒂国家公园真正令人心醉神迷的是它整个的生态系统,包括了一年四季的迁徙性动物和非迁徙性动物。	位于东非大裂谷以西,阿鲁沙西北偏西130千米处。作为塞伦盖蒂－恩戈罗恩戈罗生物保护区(连同马苏瓦狩猎保护区)的一部分加入联合国教科文组织人与生态计划,列入《世界遗产名录》。
察沃国家公园 Tsavo National Park	由肯尼亚东察沃和西察沃两部分组成。一般说来,方圆仅1000平方千米的西察沃国家公园更为引人注目,美丽而淳朴的非洲原野景象、种群多样的野生动物每年都吸引着成千上万来自世界各地的游客。	察沃国家公园面积为20700平方千米,是世界最大的野生动物国家公园。
维多利亚瀑布公园	这是世界上最壮观的瀑布之一。位于赞比西河津巴布韦河段,宽1700多米(5500多英尺),最高处108米(355英尺),为世界著名瀑布奇观之一。瀑布奔入玄武岩海峡,水雾形成的彩虹远隔二百多千米以外就能看到。	位于非洲赞比西河中游,赞比亚与津巴布韦接壤处。1989年被列入《世界遗产目录》。

续表

名称	特色	备注
布温迪国家公园 Bwindi National Park	保护区面积为32080公顷。主要对山地大猩猩采取保护，整个公园定为动物禁猎区。这里是非洲最具有多样性的原始森林，还是东非公有的两个山岳林和低地林混生的保护区之一，有东非最丰富的动物群落。	位于乌干达首都坎帕拉西南约400千米处。处于乌干达西南基盖济高地、西部裂谷边缘。1994年列入《世界遗产名录》。
维龙加国家公园 Virunga National de Park	是中部非洲最大的天然动物保护区，主要动物有羚羊、斑马、角马、大象、长颈鹿、黄羊、狮子、豹、野猪、猴类、河马、狒狒、野水牛、罗非鱼、非洲肺鱼、金鳄以及成群的鸟类等。其中羚羊有4.5万只、野牛4万头、河马3.5万头、大象1500多头，狮子600只。	游客乘坐设有安全装置的汽车入园位于刚果东部基伍湖畔的戈马市之北，面积80多万公顷。1979年联合国教科文组织将维龙加国家公园作为自然遗产，列入《世界遗产名录》。
澳洲大堡礁国家公园 Great Barrier Reef	是世界上最大的珊瑚礁群，绵延2000多千米，由三千个不同阶段的珊瑚礁、珊瑚岛、沙洲和泻湖组成。这里栖息着400多种海洋软体动物和1500多种鱼类，其中很多是世界濒危物种，又被称为"透明清澈的海中野生王国"。海水温度介于23℃到32℃之间。全年均可下海游泳观光。	位于澳大利亚东北昆士兰州东海岸。南北长2000多千米，东西宽50-160千米左右，由2900多个珊瑚礁岛组成，是世界上最大的天然海洋公园，也是世界七大自然景观之一，于1981年被列入《世界遗产名录》。

【思考题】（在教师指导下，相互讨论）

> 在你的身边，有哪些类型的公园？有什么样的旅游资源禀赋？是否促销得力？

第四章 主题公园

改革开放之后,人们的生活水平有了极大的提高,思想得到了较大的解放,对于旅游的渴望迅速高涨起来。随着时代的发展和广泛层次普通公众的参与,旅游需求提出了多样化问题,追求新、奇、美、趣、娱成为时尚;国际主题公园业在20世纪七八十年代迎来了大规模建设高潮。国外成功的范例为国内主题公园的建设发展直接提供了经验和示范。

一、我国主题公园现状

1. 什么是主题公园

主题公园就是以游乐为主要目的,模拟景观的呈现,它的最大特点就是在娱乐的基础上又赋予娱乐形式以某种主题、或某种文化,围绕既定的主题文化来营造娱乐与表演内容的形式。园内所有的建筑色彩、造型、娱乐项目、餐饮、购物、住宿等都为主题服务,共同构成游客比较容易辨认的特制和游园的线索。

主题公园是一种人造旅游资源,它着重与特别的构想,围绕着一个主题或一种文化主题创造一系列有特别的环境和气氛的娱乐及表演项目吸引游客。

主题公园具有的最基本特征是——主题性、地域性、文化性、创意性、趣味性和互动性。

2. 我国主题公园发展的主要特点

(1)目前国内主题公园建设呈现出规模不断扩大、投资不断上升的特征,还向着主题型、综合型的方向迈进。

(2)盲目乐观、一哄而上

但是,在早期的一些主题公园取得成功后,全国各地一哄而上,许多主题公园未经充分论证即仓促上马,以至于主题重复,建设粗糙。

(3)热情减退、经营惨淡

广大游客的审美疲劳,对主题公园的热情减退,以至于不少主题公园经营惨淡,甚至难以收回投资。据统计,目前全国已有将近1500亿巨资"套牢"在各类2500个主题公园上。这其中,70%处于亏损状态,20%持平,盈利者只有10%左右,约有 2/3 难以收回投资。

3. 主要问题

（1）游乐设施先进而雷同

游客进到主题公园就是想要寻找快乐,而国内大多数主题公园的游乐设施都是极其相似,感觉到哪一个公园都是一样的;游玩过后不会有重游的欲望,放眼望去,满是先进设施,但是没有与该主题公园的主题文化相结合,这样会让游客没有新意,这对主题公园的长期发展是极其不利的。

（2）销售商品种类单调而无特色

国内主题公园的商品经营收入只占总收入的 20%,其中一个重要的问题就是因为公园没有销售有自己主题特色的商品,大部分是在外面的商店可以买到的普通玩具,况且价格也比较昂贵,所以商品经营收入一直不高。这就直接影响到了主题公园赢利的多少,间接影响其整体运作。

（3）内容俗套而滥造

国内一些主题公园忽视主题演出,或者只是出一些内容俗套、制作粗糙的节目,没有新意,没有意识到主题演出对主题公园的重要性。好的主题演出可以提高重游率,并且可以延长游客在公园内的时间,为他们进一步消费提供了可能。不精良的演出不光浪费人力、物力,而且还对主题公园的品牌建设也有很大的影响。

（4）软件服务严重脱节,人性化不足

国内有些主题公园,虽然注重硬件设施的投入,但是忽略了软件服务的品质。比如,引进了先进的游乐设施,游客大多都是冲着新鲜的游乐项目而来,所以新项目前排起长长的队伍。两三个小时才只能玩一个设施,把时间都花在等候上了,自然对此公园印象不好,口碑也变差了。

而日本迪斯尼,还有给婴儿喂奶的专门场所,里面配备了微波炉、热奶用的热开水、小孩安全座椅、喂奶室等设备,空调是不用说的。

（5）主题淡化,缺乏氛围

国内的主题公园很少进行主题展示,有的是没有意识要主题展示,有的是没有这个能力来进行主题展示,有的是主题没生命力而逐步从主流媒体消失。更有甚者,从园区早期设计开发起,就没有鲜明的主题。

游客在园内有限的时间里,公园应该尽可能的在游客的印象中多次重复本园的主题特色,这样才能让游客觉得这个公园有特色,是与众不同的。

4. 解决途径

(1) 结合对游乐设施、软件服务,再造主题文化

美国"迪斯尼乐园"之所以能够立于不败之地,与其自始至终坚持明确的主题游乐是分不开的,它让每一位游客在这里都能享受到一个又一个的快乐。

没有了主题游乐,主题公园就失去了对游客的根本吸引力,不能制造尖叫与欢乐的主题公园是不能被游客认可和长久生存的;深圳的"欢乐谷",疯狂与快乐的主题游乐释放着人们内心追求快乐的本性。

(2) 围绕主题文化,积极开发主题商业

主题商业是园区发展的生命线,但凡成功的主题公园,如迪斯尼乐园,商业销售永远都是园区收入的绝对主力!

随机调查后发现,大部分游客花在购买消费品上的费用都在500港元上。业内人士指出,纪念品是乐园的重要收入来源。据统计,美国迪斯尼乐园的收入有1/3来自游客购物和非游乐项目;如果仅凭单一的门票收入,维持公园正常营运尚且困难,又谈何后续发展?

(3) 运用高科技手段,深化主题文化,使主题文化生动化

利用现代尖端技术制造幻觉,模拟特殊的环境,已是国外大型主题公园的常用手段,这些高科技手段远不仅是我们所理解的简单的"声、光、电"。它经常带给人们意想不到的效果。

高科技本身并不见得能带来高收益,真正成功的主题公园不应只靠其高科技手段吸引人,而应让其内容吸引人。科技只是展现内容的手段。

高科技,可以使得主题文化的展示,多了很多方法与手段。例如,可以更直观、可以穿越时空、可以直接体验等等,都使得主题文化更生动。

(4) 增加硬件设施投入提升软件服务品质

游客服务设施、管理和维护保障设施从主观与客观两方面综合考虑游客的各方面需求,是提升游客满意度,增加口碑影响、体现主题乐园管理水平的关键因素。

(5) 主题文化展示全面化

主题展示,就是把独一无二的主题文化,无时无刻的融入到主题活动的每个细节,这样才能游客印象深刻,流连忘返。展示主题文化不仅可以让游客加深印

象,提高美誉度,而且也是公园树立品牌的好机会。

二、旅游者眼中的主题公园

在旅游市场蓬勃发展的今天,旅游已经从原来一种自然风光向人文风光的一种转变。主题公园就是在现代旅游业,旅游资源的开发发展过程中所孕育产生的新的旅游产物旅文化产物,是自然资源、人文资源、文化资源、地域资源为特定的主题,采用现代化的科学技术娱乐资源和地域性、文化性的设置方式,集诸多种文化表演内容、娱乐方式、休闲、购物要素和餐饮住宿服务接待设施于一体的现代旅游综合性旅游目的地。

在众多的旅游项目中主题公园是比较热门的,这点事与它的特性是息息相关的。它独具有的文化性、地域性、主题性、娱乐性、餐饮住宿、休闲购物一系列的旅游资源在可分享的游客群体面是非常广的,从少年到中青年,从个人到家庭,从情侣到朋友聚会,主题公园都能给每人找到适当的定位。有些游客是为它的文化而来,有些是为了它的氛围,还有些是为了它的娱乐甚至是为了它的休闲、购物、餐饮住宿而来。从以上我们看以看出主题公园的客户群体是比较广泛的。所以从旅游的推荐上来说是比较受青睐的。

目前,我国的主题公园主要有如下类型:

(1)再现历史文化类型的:北京的"大观园"、"老北京微缩景观";杭州的"宋城";珠海的"圆明新园";无锡的"三国城"、"唐城";河北正定的"荣国府"等。

(2)展现民俗风情的:深圳的"中国民俗文化村";云南的"民俗村";北京的"中华民俗园";西安的"华西民俗文化村"等。

(3)展现世界各国名胜古迹:深圳的"世界之窗";北京的"世界公园";无锡的"欧洲城";重庆的"世界微缩景观"等。

(4)展现自然世界的:广州、深圳野生动物园;深圳的"海洋世界";昆明的植物园等。

(5)游乐园和游乐场:广州的"东方乐园"、"南湖乐园";中山市的"长江乐园";北京的"石景山游乐园";珠海的"珠海乐园";深圳的"香蜜湖娱乐城"、"水上乐园"、"欢乐谷"等。

(6)以科幻为主题的:广州的"航天奇观";深圳的"未来时代"等。

游客可以根据自身需要,自由挑选所喜欢的类型。

三、迪斯尼乐园

1. 简介

迪斯尼乐园于 1955 年开幕，此后，在美国和海外又陆续开了 5 家，分布在 4 个国家和地区的迪斯尼主题公园。2005 年 9 月 12 日，香港迪斯尼乐园成为中国第一座迪斯尼主题公园。而迪斯尼公司已落实计划在中国上海川沙镇建设另一个主题公园，惟名称或许不再以"迪斯尼"相称。截至 2010 年 3 月，美国加利福尼亚州、佛罗里达州，法国巴黎，日本东京和香港 5 处地方建有迪斯尼乐园。另有上海迪斯尼乐园处于待建中。

1955 年，资格最老的是加州的洛杉矶迪斯尼乐园建成；

1971 年，耗时十年的佛罗里达州迪斯尼建成；

1983 年，东京迪斯尼建成（2001 年，扩建的海上乐园完成，耗资 3380 亿日元）；

1992 年，巴黎迪斯尼建成，耗资 440 亿美元；

2005 年 9 月 12 日，香港迪斯尼建成营业。

在五大乐园中，位于美国佛罗里达州奥兰多的迪斯尼面积最大，有 12228 公顷，香港迪斯尼乐园最小，占地 126 公顷，仅为佛罗里达州的百分之一。论规模，美国佛州的奥兰多最大，分"动物王国"、"魔幻影城"、"科幻天地"和"梦幻洛杉矶迪斯尼乐园"。

2. 加州迪斯尼

作为世界上最早的迪斯尼主题公园位于美国洛杉矶的加州迪斯尼乐园，是全球首个迪斯尼乐园，1955 年 7 月 17 日开业。开放时，这座超级乐园耗资 1700 万美元，每天需要 2500 名工人来维护迪斯尼的正常运营，预计每年可吸引 500 万名游客。它地处加利福尼亚州，是当时世界上构思最精巧的主题公园。洛杉矶迪斯尼乐园共分为八个各具有不同的特色主题区。

(1) 美国大街

仿造一百多年前的美国景观所建，每一个建筑都保有相当古味，对于参观游客而言，进入美国大街就是进入迪斯尼各主题园区的第一站，因此又有"时光隧道"的效果，美国大街也是拥有最多服务设施、商店和餐饮的休闲区域。

(2) 边界地带

主要体现美国早期移民的开垦精神,边域乐园的主要背景设定为美国早期刚开垦的时代,这里最热门的就是"霹雳过山车"。外形类似采矿车的云霄飞车,在恐龙肋骨中穿过,在布满红色石头的河床,最后还有巨石滚滚而来的山崩。

(3)梦幻王国

与迪斯尼童话故事最密不可分的梦幻王国耸立在乐园正中央的睡美人城堡,是整个迪斯尼乐园的文化精神象征和地标性主题。当中小小世界是迪斯尼乐园的经典之作,充满童趣。

(4)冒险世界

综合亚洲、非洲与南太平洋许多原始区域的风景特色,以一条河流贯穿整个园区,两岸展现非洲丛林的一草一木,是充满野性的世外桃源。在冒险世界最受追捧的就是1995年揭幕的印第安琼斯探险,其灵创作感取材于脍炙人口的法柜奇兵系列,著名导演乔治·卢卡斯参与制作,吸引不少来自世界各地的游客前来亲身体验电影般的魔幻魅力。

(5)米奇卡通城

这里是米老鼠和他所有好朋友的家园,旅客可以参观米奇和明妮的家,还可以跟他们合影留恋。米奇卡通城所有建筑物都和他们的主人一样,五颜六色、造型鲜艳,且相当有个性。跟凡人的都市一样,卡通城也有市政府、广场、邮局、电车,工厂、卡通人物也经常在此出没。

(6)动物天地

迪斯尼动画片中的动物角色,是此园区的最大卖点。实际上,动物天地并不见得永远像它的名称一样温和,因为里面有一个总是让游客尖叫不已的飞溅山,在原木小船的带领下,迂回前进于室内外流域,最后在货真价实的瀑布中几乎垂直冲下,将紧张气氛带至最高点。

(7)纽奥良广场

以路易斯安纳州的纽奥良市作为背景,呈现当地受法国殖民文化影响的特色,其中又以法式风格的露天咖啡座和蓝色海湾餐厅最富盛名,在蓝色海湾餐厅内又可与乘坐加勒比海海盗船的游客打招呼。

(8)明日世界

(9)其他服务

交通:洛杉矶市区出发10号高速公路向东,转5号高速公路向南,大约26

英里,相当于41千米,在Harbor Blvd下。车程30分钟左右即到。

餐饮:洛杉矶迪斯尼乐园在乐园里最常见的餐厅就是各式各样的快餐店,想品尝当地风味的游客,不妨去一些特色餐厅,如Lighthouse,在那你能吃上一个烤的非常棒的马哈鱼肉排再加上点色拉油,或者来一个墨西哥玉米煎饼。想品尝纯正的美国风味牛排可以到The Original Pantry餐厅。

住宿:推荐方便到达迪斯尼乐园,且性价比高的Luxe Rodeo Hotel酒店,标间底价1900美元。

四、中国自主品牌主题公园

1. 深圳欢乐谷

深圳作为内地与国际化接轨最早的城市,深圳欢乐谷是华侨城集团新一代大型主题乐园,首批国家AAAAA级旅游景区,总投资17亿元人民币,占地面积35万平方米,是一座融参与性、娱乐性、观赏性、趣味性于一体的中国现代主题乐园。1998年开业以来,深圳欢乐谷经过一期、二期、三期的发展,已成为国内投资规模最大、设施最先进的主题乐园。

全园共有九大主题区:西班牙广场、魔幻城堡、金矿镇、冒险山、香格里拉森林、阳光海岸、飓风湾、欢乐时光和亚洲首座荣获国际水公园协会"行业创新奖"的玛雅水公园,100多个丰富多彩的游乐项目。从美国、荷兰、德国等国家引入众多全国乃至亚洲独有的项目:例如亚洲首座集视觉、听觉、触觉于一体的四维影院、世界轨道最长的水战船——丛林水战以及国际一流水平、国内第一条高架观光游览列车——欢乐干线世界最高落差的"激流勇进"、全国第一座悬挂式过山车"雪山飞龙"、全国第一座巷道式"矿山车"、全国第一座"完美风暴"、全国第一辆"仿古典式环园小火车",亚洲最高、全国第一座"惊险之塔"——太空梭。

秉承"建不完,玩不完的欢乐谷"的经营理念,创造"常看常新、常玩常新"的顾客价值,2008年,深圳欢乐谷再次创新,打造全新项目"魔幻城堡"。魔幻城堡是亚洲首创魔幻主题娱乐空间,国内唯一奇幻天伦乐园,占地面积约4万平方米,由梦幻岛、魔法森林、魔幻城堡三大主题区构成,共20多个妙趣横生的游乐项目。

2. 桂林兴安乐满地

桂林乐满地度假世界位于广西桂林市兴安县,北接湖南,桂林以山水甲天下闻名，兴安县以其丰富的旅游资源荣获"全国十大魅力名镇"。

桂林乐满地度假世界是广西目前最大的旅游台商投资项目，整个项目计划投资总额为31亿元人民币，由全球第一大华人证券商——马志玲先生投资建造。占地6000余亩，是国家首批5A级旅游景区，中国自驾车旅游品牌十大景区，目前已完成的全国十佳主题乐园、五星级度假酒店/丽庄园森林别墅区、全国十佳高尔夫俱乐部构成了集尊贵、自然、浪漫、闲逸、欢乐为一体的度假胜地。

乐满地主题乐园是一个集浪漫、时尚、缤纷、动感、刺激与欢乐于一体的大型游乐场所。园区有欢乐中国城、美国西部区、梦幻世界区、海盗村、南太平洋区、欧洲区、曼陀罗园等特色主题区。各游乐区的建筑、游乐设施、商品、餐饮、音乐等都具有鲜明的主题特色，同时各区均设丰富多彩的表演节目。整个园区可观、可游、可赏、可闻、可疯狂、可休闲能够为游客提供完善、多样的游乐选择。

乐满地高尔夫俱乐部为美式丘陵国际标准27洞高尔夫球场，总占地面积1700亩，共分为A、B、C三个场。乐满地度假酒店融合桂林山水之美、广西少数民族艺术及乐满地欢乐文化之五星级度假酒店，国家金叶级绿色旅游饭店，并获得中国建筑最高奖——鲁班奖。被地中式园林、中海式园林包围着，隐谧在山林中的度假酒店，宁静中透视着温柔。酒店大堂入口处地面的壮族铜鼓图腾装饰，大堂天顶的桂北少数民族榫木制结构、水院内的侗族钟鼓楼以及房间内的瑶、壮族风情装修风格……处处充满了浓郁的少数民族民俗建筑艺术。同时，风格独特的各种餐厅能提供丰富的精美点心和美食，功能齐全的会议设施能满足商务客人休闲、劳逸结合的需求，更有别具一格的民俗特色商品街和全面体现休闲度假氛围的康乐、养生中心，让客人体验艺术与品位完美结合的度假天堂依山势高低错落而建的丽庄园森林别墅区，隐晰山林间，所有森林别墅均选用全天然优质木材建造。在这里，还可以充分享受到一种远离尘嚣、怡然自得的度假环境。

作为一个高档次、大规模、风格多样、内容丰富的大型综合性旅游度假场所，桂林乐满地度假世界填补了桂林市人文景观和高科技游乐园的空白，为桂林、广西，乃至整个华南地区的旅游市场起到了积极的推动作用。

3. 海洋公园

香港有东方之珠的称号，是世界上最繁忙和最多旅客到访的城市之一。作为五光十色的国际大都会和文化熔炉，香港汇聚了浓厚的本地文化，同时向旅客展现充满创意的一面。香港海洋公园是世界最大的海洋公园之一，也是亚洲最大的海洋公园，位于香港南部香港仔海洋公园道。建成于1977年元月。三面环海，东濒深水湾，西接大树湾。南临东博寮海峡，占地87万平方米。公园建筑分布于南朗山上及黄竹坑谷地。两园间设有架空缆车，游客只需乘坐1.4公里的缆车，便可来往于两园之间，形成一个完整的公园景区。在缆车内还可观赏深水湾、浅水湾海景。它包括海洋天地、集古村、绿野花园、雀鸟天堂、山上机动城、急流天地、水上乐园、儿童王国等八区。

【思考题】

> 你觉得，在上海和香港都建设迪斯尼乐园，合适吗？为什么？

第五章 餐饮文化

在我国，旅游者主要接触的餐饮文化有中餐、西餐以及各地的风味小吃。旅行社组织的旅游行程所含的团餐，一般在旅行社的定点餐厅提供。其他社会餐馆（从五星级酒店、餐饮连锁店到街边小店），都是旅游者的寻觅美食的场所，都是餐饮文化的载体。

一、中餐

中餐（Chinese food），指的是具有中国风味的餐食菜肴。有粤菜、川菜、鲁菜、淮扬菜"四大菜系"。加上浙菜、闽菜、湘菜、徽菜就成为"八大菜系"。

1. 中餐特点

（1）选料广泛

由于我国多数人在饮食上受宗教的禁忌约束较少，而人们在饮食上又喜欢猎奇，讲究物以稀、奇为贵、为佳，所以中餐的选料非常广泛，几乎是飞、潜、动、植，无所不食。并且，追求用料的鲜、活。

（2）原料加工讲究

首先是原料搭配讲究。注重天气、地理、身体状况，甚至把阴阳等传统理念蕴含在内。

其次是中餐厨师非常讲究刀工，可以把原料加工成细小的丝、丁、片、末等刀口。

第三是烹饪前的腌制。腌制使得烹饪风味变化多端，其配方也常常成为不传之秘。

（3）烹调手法多种多样

中餐做菜一般使用的圆底锅、明火灶非常适宜炒菜。

在火候方面，有文火、武火之分；

在烹饪方式，有煎、炸、炒、炖、煮等多种方式。

（4）口味富于变化

中餐菜肴注重盐的使用，有"盐出百味"的说法；

由于调料的丰富多样，并且使用方式富于变化，使得中餐的味道在世界有名。川菜更有"百菜百味"的声誉。

(5) 厨师的经验异常重要

中餐在烹饪过程中，需要厨师根据经验来灵活选料、配料及加工、烹饪并调料。可以说，厨师是中餐成功的关键！

(6) 主、副食区分明显

中餐有明确的主、副食概念，主食有米、面等多种制品。

2. 四大菜系

(1) 鲁菜

即山东菜系，由齐鲁、胶辽、孔府三个菜系组成。是宫廷最大菜系。以孔府风味为龙头。山东菜系源远流长，对其他菜系，乃至整个中国饮食文化影响深远。

(2) 川菜

即四川菜系，是中国最有特色的菜系，也是民间最大菜系。

以成都菜和重庆菜为代表。四川菜系各地风味比较统一。主要流行于西南地区和湖北地区，在中国大部分地区都有川菜馆。

(3) 淮扬菜

由淮安、扬州、南京和苏南四种风味组成，是宫廷第二大菜系。

今天国宴仍以苏菜为主。

(4) 粤菜

即广东菜，国内民间第二大菜系，地位仅次于川菜。在国外是中国的代表菜系，由广府、客家、潮汕三种风味组成，在中国大部分地区都有粤菜馆。

不仅香港、澳门，而且世界各国的中菜馆，多数是以粤菜为主。粤菜以广府风味为代表。

二、西餐及其他地区餐饮

1. 西餐特点

(1) 什么是西餐

"西"是西方的意思。一般指地理上的西方，也包括在文化历史传统上接受欧洲文化的美洲各国。所以我们说，"西"这个词，不仅仅是由于它特定的地理位置决定的，还要考虑其文化传承。比如澳大利亚、新西兰，地理上在南太平洋，属于东半球。在文化传承是,继承的主要是欧洲文化。在这两个国家,西餐是社会主流餐饮。比如美国、加拿大以及美洲的西班牙语、葡萄牙语国家。

"餐"就是饮食菜肴。

我们通常所说的西餐主要包括欧洲、美国、加拿大以及美洲的西班牙语、葡萄牙语国家。

(2)西餐的主要特点

主料突出,形色美观,口味鲜美,营养丰富,供应方便等。

(3)西餐分类

大致可分为法国菜、英国菜、意大利菜、俄国菜、美国菜、地中海菜等多种不同风格的菜肴。其主要特点分别如下:

法国菜:选料广泛、讲究;讲究菜的鲜嫩;讲究原汁原味;用酒调味。

英国菜:制作方式只有两种:放火烤箱烤,或者放火锅里煮;什么调味品都不放。但早餐很讲究。

意大利菜:典雅高贵,且浓重朴实,讲究原汁原味。菜系非常丰富,菜品成千上万。

俄国菜:油腻较大;口味浓厚;讲究小吃。

美国菜:沙拉中水果用得很多,例如用香蕉、苹果、梨、橘子等做沙拉最为普遍。另外,在热菜中也常使用水果。

地中海菜:是指意大利、西班牙、葡萄牙、希腊一带的食品。

(4)其他外国菜系

东南亚各国的菜肴一般统称为东南亚菜,但也有独为一种菜系的,如印度菜。印度菜:烹饪中熟练使用各种繁杂的调料,造就了印度菜神秘而丰富的味道。

阿拉伯菜:食材上结合东西方米、面文化,加上当地独特的大饼。

三、旅游餐饮

1. 团队餐饮

旅游团由旅行社组织、接待。按照所付费用和人数,旅游团可以分为团体包价旅游、散客包价旅游、半包价旅游、小包价旅游、零包价旅游等5类。

其中,团体包价旅游(≥10人)和散客包价旅游(≤9人)两种旅游形式,用旅游计划的方式，确定了团队要参加的食、宿、行、游、娱活动，并由游客预先支付所需的费用，含一日三餐。半包价旅游包括早餐，不含午餐、晚餐，费用也由游客预先支付。

(1) 优点

不用为寻找地方吃饭发愁。

解决了往返就餐地点和住宿地之间的交通问题。

由职业服务人员——导游员带领前往就餐并保障餐饮质、量。

通过咨询旅行社，能够获得关于地方小吃等餐饮专业知识。

旅行社可以提供相对便宜的餐饮服务，因为费用已包括在旅游费用里，故而游客可以相对低廉的价格获得餐饮服务。

就旅游行业而言，就餐客人包括团队客人、散客客人和旅游行业从业人员等三类人；就餐地点没有具体限制，团队一般在定点餐厅就餐，散客的就餐地点由其自己挑选；餐饮的最低标准应当符合国家的规定，在卫生方面和所供应的餐饮质、量方面还要满足合同的要求。

(2) 不足

在付费后，游客在餐饮方面的自主权被削弱，主要体现通过预先支付费用，预订并确定了所需要的餐饮服务的档次（如是否风味餐）、服务内容（如几菜几汤）、用餐场所（如规定在5五星级酒店用餐）等。

在到达旅游目的地后，游客如果要更换用餐地点、用餐档次、用餐内容，将不得不面对因此可能导致的一定的经济损失：原定餐费不退还、重新定餐要重新付费、更高的标准的餐饮服务要求补足费用差额等。

(3) 定点餐馆

对餐厅进行定点，是为了保证旅游者的利益。保证了旅游者的利益，也就保证了旅行社和地方整体的旅游利益。

社会餐厅的硬件水平和服务水平参差不齐，旅行社难以控制和保证旅游团能够在各个社会餐厅都能享受到按规定应该享受到的服务。尽量避免出现不按质、量提供服务的现象，从而规定，本社的旅游团只能到本社的定点餐厅就餐。

某些地方的旅游行政管理机关为了保障游客、旅游经营者和地方旅游的整体利益，进行旅游餐饮、购物企业的定点。规定，只有旅游行政管理部门定点的餐厅，才有资格接待旅游者。

第五章 餐饮文化

2. 散客饮食

散客与团队不同，主要区别就是两者的旅游合同无论在服务项目的多少、服务内容的标准，还是服务的是否预订、付费的形式等方面都不一样。

因此，散客旅游者能享受到的餐饮服务和团队游客有很大不同。

（1）优点

其恰好就是团队包价旅游的弱项：灵活性、自主性强。游客可以自由选择用餐地点、地点和场所、项目内容。可以拒绝自己不喜爱的食品而不必担心自己所付出的费用浪费掉。

（2）不足

也就是包价团队旅游的优势：

往返就餐地点和住宿地之间的交通自理。

没有职业服务人员——导游员带领前往就餐并保障餐饮质、量。在寻找餐厅方面将浪费更多的时间，在出现服务争议时，没有导游员和旅行社出面协调并保护其利益。

没有旅行社的专业咨询，要获得关于地方小吃等餐饮专业知识。

费用相对偏高，因为不能利用旅行社可提供的相对便宜的餐饮服务。

随着社会服务系统的日渐发达，散客旅游的不便之处在逐步减少。不过，通过自己的努力去寻找自己喜爱的餐厅和好吃的地方小吃，也许本身就是散客旅游的乐趣之一吧。

四、餐饮卫生安全

"民以食为天！"外出旅游，吃饭问题是第一位的大事。保障游客的饮食安全不仅仅关系到游客是否能够按照计划完成旅游，更重要的是要保障游客的生命安全。餐厅应当按照合同、《消费者权益保护法》以及有关的餐饮卫生条例，保质保量的供应食物。

1. 餐饮安全与餐饮标准

餐饮的标准是餐饮安全非常重要的内容。

国家关于餐饮安全有严格规定。除了《食品卫生法》之外，卫生部已经/正在制定的关于卫生的规章制度达50条之多，涵盖了从转基因食品到厨房卫生环境等内容。餐厅应当按照国家法律法规的规定供应食物，坚决杜绝各种违规食品流进供餐渠道。

餐厅供应食品时，还应该按照顾客所点的菜肴、酒水数量和质量供应。

2. 就餐时可能发生的安全事故

食物中毒、游客意外人身伤害（摔伤、烫伤、食物哽塞）、打斗事件（费用纷争、酗酒闹事）。

划分餐饮安全事故的标准有：按是否团队客人划分为散客和团队游客，也可按照事故严重程度划分、按照定餐者身份划分。

3. 餐饮安全事故的处理

餐饮安全事故事关重大，直接关系到人的生命安全！及时、高效、专业，是处理此类事故的关键。可以将处理的相关原则、步骤做如下理解。

（1）了解情况、正确判断

在处理安全事故时，处理事故的人要首先在对事实有真实、清楚、全面、客观的了解的基础上，然后判断事故的严重程度、损害事实，再根据自己的权限以及各相关部门的职责分工，可以当场处理的要及时处理，必要时马上报告有关部门。

一般情况下，我们了解情况时应当遵循下列原则：

真实：要小心避免虚假成分。关于事件发生的起因，游客和住宿提供方会有不同说法。到底谁是谁非，处理者应当能去伪存真。

全面：要求包括时间、地点、人物、事件起因、发展、高潮、结束，也就是5"W"（取英语单词 what, who, when, why, how 中的字母 W 而成）。

清楚：要求所了解的情况中没有"好像、似乎、大概、仿佛"之类的不确定的词语，尤其是关于5"W"的一定要清楚，最好用数据、事实来表述。

客观：不应只反映某一方面的看法，要真实反映双方的观点。偏听则暗，兼听则明。

如果能做到以上四点，才能给决策提供有效的、真实的信息。

（2）分类处理

首先明确，按照是否团队划分。

凡是团队游客用餐，又是旅行社所定的餐，导游员应当带领游客前往餐厅用餐。导游员帮助游客及时保质、保量地用好餐。在出现意外事故时，要求导游员挺身而出保护旅游者！

非团队客人在就餐时出现安全问题,就没有导游员代表旅行社和游客出面。但是,非团队客人才是餐厅客人的主体。餐厅应给予足够重视。客人可以根据国家相关规定,争取自己的合法权益。

不论是否团队客人,社会质量监控和保障系统——消费者协会、工商局、司法系统都会提供有力的服务。

其次,谁定餐谁出面。

定餐者对餐饮供应方比较了解,又因为他们之间有旅游协议,在发生争议时,定餐者是个不错的居中协调者。

第三,按照事故严重程度划分。

轻微的事故可以自行解决,大的甚至重大的事故应当请示上级,也许需要政府相关单位出面解决。如果造成严重的社会影响,不管所受到的伤是否严重、财物损失是否多,一律按照严重事故对待,一定要报告。

普通游客视情况而定,可立刻向相关政府、公安机关、医疗机构报告。导游员率领团队出游遇到此类情况,除了上述部门之外,导游员一定要向旅行社报告。

如遇到游客在接受旅游服务时,类似1到2个游客的皮肤擦破之类的轻伤、一只普通钢笔被损坏等这样的轻微伤害,经过客人和经营者自由协商达成协议的,领队、全陪都同意的,就可以在事后报告旅行社,甚至不报告。

3个或以上客人轻伤,而有一人重伤、致残的,应当立刻报告。

第四,人身伤害事故的紧急处理。

人身伤害事故有意外造成的、有因治安事故造成的。

因意外事故造成的人身伤害,一般由专业医护人员处理、服用正规医疗机构提供的药品。如果事情紧急,如不紧急救治会导致生命危险的,则可以由在场的懂得急救技术的人员进行临时急救,或者服用旁人提供的药物。要将提供药物/急救的人员姓名记下,以备不时之需。上述急救措施只在事情紧急的情况下实施。

在有些造成严重伤害的事故里,证据的收集与保留对于日后索赔具有非常重要的,甚至是决定性的意义。

因此,处理安全事故,要注重收集、保留证据。

4.餐饮安全事故的预防

事故的处理和预防中,应以预防为重点。及时的处理非常重要,补救措施,损害事实已经出现。预防比处理,更能保护体现出水平。

（1）从预防的原则来看。

要预防餐饮安全事故，可以考虑采取预定前考察。

在预定之前，最好做一番实地考察。实地考察可以告诉用餐者，餐厅周围的环境、内部装修、空间、硬件（桌、椅、餐具等）、服务员水平是否合乎要求，最重要的是餐厅所提供的菜肴是否干净、有特色、价格是否合理等信息。如果可能，最好能和餐厅的主管人员见面，交换名片，以便日后联系。

凡是不符合安全标准的，在定餐前要三思，然后再决定是否要预定。

（2）具体预防方法

预定方式要及时有效。

预定餐饮可以通过电话、传真等方式进行。电话预定要注意对方可能不一定能对预定者的意思有全面的理解而正确的理解，熟客和餐厅之间往往能更好的互相理解。传真预定多用于比较大型的、高档的餐饮预定。

预定要求要明确。

仔细说明要求：时间、人数、餐标、几菜几汤等，还应当包括客人的忌讳或者特殊嗜好。如果是重点团队/客人，或者人数众多，最好能用传真确定。如果在旅游旺季，应该提前一天确认，或者用餐当天早上确认。

要重视用餐时的观察事项。

在用餐时，要仔细观察，尤其是导游员。应当注意菜肴的数量和质量是否符合预定时所定的标准。一旦发现有菜肴的色泽、形状不正常，应当立刻停止就餐，提出投诉。如果有客人已经吃了，要注意其身体状况，有情况要立即处理。

事后一定要总结。

在用餐结束后，不论是否有情况发生，都可以对这次用餐情况做个总结，以便做好预防处理工作。

（3）什么样的餐厅是安全的

先看什么样的餐厅时不安全的。

环境：周围车辆随便停放、街道灯光昏暗。

餐厅：服务员不穿工作服、地板湿滑、苍蝇多、餐具上有污垢、桌椅摆放乱。

消防：没有消防设备或者设备陈旧。

厨房：冰箱里熟食和生食同时放置在一起、只有一块案板（熟食和生食在一块案板上切）。

反过来说，一般是安全的。

（4）针对团队游客，采用什么预防方法

团队游客用餐数量大，一旦出现餐饮安全事故，后果严重，影响恶劣。旅行社和导游员对游客用餐的安全负重要责任，预防责任就落在旅行社和导游员身上。

要求旅行社派专人负责在预定餐厅前，到餐厅做实地深入的考察，特别是厨房。对餐厅实行定点制度，有助于控制餐饮质量。

在用餐过程中，导游员要时刻注意餐厅所提供的餐饮卫生状况是否达到标准。对周围用餐人员也要加以注意，要关注游客在用餐时皮包和贵重物品的放置，提醒游客不要将上述物品放在远离自己手边或者视线的地方。提醒游客在发生不愉快时，要及时召唤导游员前来处理。提醒游客哪些是自费的、哪些是餐费里已经包括的内容。

导游员不应该在远离游客的地方就餐，要在能看见游客的地方就座，以能及时发现客人的召唤。

（5）散客采用何种预防方法

散客预防餐饮安全事故，最困难的在于如何在陌生的地方选择恰当的餐厅。可以通过自助游手册，或者是有关旅游的权威网站搜索。

食客的着装可以帮助判断餐厅的档次和价格，可以决定自己是否属于同一阶层。如果客人不知道吃什么，又担心被"宰"，客人可以看看别人桌子上的菜，仿照着点菜。

餐厅的地段可以帮助正确选择餐厅。繁华地段的餐厅价格高，往往因竞争激烈而比较注重服务，餐饮质量比较有保障。

散客和团队客人不同，没有导游员代表旅行社出面协调处理，所以需要将地方上的有关投诉电话记下来，以备不时之需。

（6）其他注意事项

要时刻注意出门在外可能随时出现的水土不服。品尝当地风味小吃、特产、瓜果、名点的时候不可暴饮暴食，不知节制。最好不要过多地改变自己的饮食习惯并且注意荤素搭配。

慎重对待入口食品。掌握饮食点卫生合格的标准：有卫生许可证，有清洁的水源，有消毒设备，食品原料新鲜，无蚊蝇，有防尘设施，周围环境卫生，收款人不接触食品且钱票与食品保持有一定距离。

注意饮水卫生,不饮用江、河、湖、塘里的水。

发生食物中毒,要设法催吐,多喝水以加速排泄,立即送医院救治。

最后要注意一些用餐小事故预防方法,如预防喉咙哽塞:将花生米、蚕豆、黄豆抛起来吃都有可能造成喉咙哽塞。

五、国内外名菜、小吃

1. 川菜

川菜作为一种文化现象,其底蕴十分深厚。历代名人及名作,在涉及巴蜀风物人情时,往往离不了饮食。东晋常璩《华阳国志》将巴蜀饮食加以归结,为"尚滋味","好辛香"。唐代杜甫则以"蜀酒浓无敌,江鱼美可求"的诗句高度概括、赞美巴蜀美酒佳肴。

(1)历史

川菜系也是一个历史悠久的菜系,其发源地是古代的巴国和蜀国。据《华阳国志》记载,巴国"土植五谷,牲具六畜",并出产鱼盐和茶蜜;蜀国则"山林泽鱼,园囿瓜果,四代节熟,靡不有焉"。在战国时期墓地出土文物中,已有各种青铜器和陶器食具,川菜的萌芽可见一斑。川菜系的形成,大致在秦始皇统一中国到三国鼎立之间。到西晋时,川菜已成气候。文学家左思在《蜀都赋》中对1500多年前川菜的烹饪技艺和宴席盛况描绘为"若其旧俗,终冬始春,吉日良辰,置酒高堂,以御嘉宾"。元、明、清建都北京后,随着入川官吏增多,大批北京厨师前往成都落户,经营饮食业,因而川菜又得到了进一步发展,逐渐成为我国的主要地方菜系。现在,川菜的踪迹已遍及海内外,世界上有"食在中国,味在四川"。

(2)特点

突出麻、辣、香、鲜、油大、味厚,重用"三椒"(辣椒、花椒、胡椒)和鲜姜;还有"七滋八味"之说,"七滋"指甜、酸、麻、辣、苦、香、咸;"八味"即是鱼香、酸辣、椒麻、怪味、麻辣、红油、姜汁、家常。

(3)烹调方法

共有38种之多。

(4)菜式

主要由高级宴会菜式、普通宴会菜式、大众便餐菜式和家常风味菜式四个部分组成。

(5) 味型

有麻、辣、甜、咸、酸、苦六种。在六种基本味型的基础上，又可调配变化为多种复合味型。在烹饪过程中，运用味的主次、浓淡、多寡，调配变化，加之选料、切配和烹调得当，即可获得色香味形俱佳的具有特殊风味的各种美味佳肴。川菜的复合味型多达20多种。

(6) 派别

蓉派川菜精致细腻，渝派川菜大方粗犷。渝派川菜大方粗犷，以花样翻新迅速，用料大胆著称，又俗称江湖菜。大多起源于市民家庭厨房，并逐渐在市民中流传。

(7) 代表菜

表5.1　　　　　　　　　　　　　川菜代表作

菜品名	特色与烹饪
鱼香肉丝	原料：猪瘦肉、水发玉兰片、水发木耳（在四川常用莴笋丝）、葱、蒜（约3瓣）、姜、泡红辣椒、盐、白糖、醋、肉汤（或者水）、湿淀粉、食用油。 制作：1. 将木耳用温水泡发，切丝，玉兰片切丝，猪瘦肉切丝，葱切葱花，蒜切蒜末，姜切末。 2. 将肉丝用少许盐和10克湿淀粉将肉丝稍腌。 3. 将泡红辣椒踩成末；将15克湿淀粉、盐、白糖、醋、酱油、肉汤兑成汁。 4. 烧热油倒入肉丝炒散；加泡红辣椒末、蒜末、姜末炒香。 5. 加木耳丝、玉兰丝翻炒几下，倒入芡汁和葱花炒匀即可。 特色：色香味俱佳、有荤有素、下饭、无高脂肪、高胆固醇等材料。
宫保鸡丁	材料：鸡胸肉、花生米、蒜、姜、葱、干红辣椒、花椒、糖、料酒、肉汤、淀粉。 做法：1. 先炸花生米。油凉的时候将花生倒入，中火加热，用漏勺不断翻动花生米，使其受热均匀。待花生变色后捞起；沥干油，洒上少量盐和糖，晾凉。 2. 用刀背拍松鸡肉，在上轻切十字花刀；将鸡肉切成2厘米左右的肉丁，放入碗中，加1大匙酱油、1匙淀粉、1大匙油拌匀。 3. 将干红辣椒剪成2厘米的段，去籽。将所有调料调和成芡汁待用。葱切成1厘米长的段，蒜去皮洗净切片。 4. 炒锅用旺火烧热，倒入适量油，放入干辣椒段和花椒炒成棕红色。放入鸡丁炒散。加入蒜片、姜片、葱段，炒出香味。 5. 加入芡汁炒匀，加入炒香的花生米炒匀即可。 特色：有增强体力、温中益气、补虚填精、强壮身体的作用。
麻婆豆腐	原料：豆腐、郫县豆瓣酱、蒜蓉、麻蕉等。 做法：1. 将郫县豆瓣酱、麻焦、蒜蓉、葱花等一起下锅炒香。 2. 加入适量的水，然后将切成小方块的豆腐放入并加调味料，小火炖十分钟。 3. 汤汁收干后就OK啦，如果汤汁太多，也可以加淀粉勾芡。 特色：滑嫩、香辣，开胃。

还有水煮肉片、干煸鳝片、干烧鱼、水煮鱼、回锅肉、夫妻肺片、樟茶鸭子、干煸牛肉丝、泡椒肉丝、青椒肉丝、怪味鸡块、灯影牛肉、糖醋排骨、水煮牛肉、锅巴肉片、咸烧白、鸡米芽菜、糖醋里脊、东坡肘子、双椒鸡丁、方竹笋烧肉、干烧酥虾、毛血旺、盐煎肉、酸菜鱼、泉水鸡、辣子田螺、辣子肥肠、辣子鸡、泡椒牛蛙、香辣虾、麻辣兔头等。

川菜名品太多，难以一一列举。

(8) 特色小吃

成渝两地的小吃也归类于川菜。担担面、川北凉粉、麻辣小面、酸辣粉、叶儿粑、酸辣豆花等以及用创始人姓氏命名的赖汤圆、龙抄手、钟水饺、吴抄手等。

2. 粤菜

粤菜在国外是中国的代表菜系，在国内的地位仅次于川菜，是中国第二大菜系。

(1) 历史

中原文化的南移，中原饮食制作的技艺、炊具、食具和百越农渔丰富物产结合，这就是粤式饮食的起源。粤菜起源于汉，就是凭借这段历史来说的。南宋以后，粤菜的技艺和特点日趋成熟。这同宋朝南迁，众多御厨和官府厨师云集于粤，特别集中于羊城有关。明清两代，广州已经成为一座商业大城市，是粤菜、粤点、粤式饮食真正的成熟和发展时期。这时的粤菜、粤点和粤式饮食真正成为了一个体系，世人称绝，渐渐有"食在广州"之说。

(2) 特点

用料奇异广博，杂食之风，常令一些外人瞠目结舌。做出的菜肴注重色、香、味、形。口味上以清、鲜、嫩、爽为主，有"五滋"（香、松、软、肥、浓）、"六味"（酸、甜、苦、辣、咸、鲜）之说，时令性强，夏秋尚清淡，冬春求浓郁。

(3) 烹调方法

烹调技艺多样善变，有21种之多，尤以炒、煎、焗、焖、炸、煲、炖、扣等见长，讲究火候和现炒现吃。

(4) 派别

由广州、潮州、东江三地特色菜点发展而成。广州菜包括珠江三角洲和肇庆、韶关、湛江等地的名食在内。地域最广，用料庞杂，选料精细，技艺精良，善于变化，风味讲究。

潮州菜接近闽、粤，汇两家之长，自成一派。潮州菜以烹调海鲜见长，刀工技术讲究，口味偏重香、浓、鲜、甜。喜用鱼露、沙茶酱、梅羔酱、姜酒等调味品，甜菜较多，款式百种以上。潮州菜的另一特点是喜摆十二款，上菜次序又喜头、尾甜菜，下半席上咸点心。

东江菜（客家菜）东江菜又称客家菜。客家人原是中原人，在汉末和北宋后期因避战乱南迁，聚居在广东东江一带。其语言、风俗尚保留中原固有的风貌，菜品多用肉类，极少水产，主料突出，讲究香浓，下油重，味偏咸，以砂锅菜见长，有独特的乡土风味。

（5）代表菜

表5.2　　　　　　　　　　　　　　粤菜代表作

菜品名	特色与烹饪
广州文昌鸡	原料：海南文昌鸡、火腿、鸡肝、郊菜。 制作：以海南岛文昌鸡为主料，配以火腿、鸡肝、郊菜，经煮、蒸、炒而成。 特色：此菜造型美观，芡汁明亮，为著名广州菜肴。
蚝皇凤爪	原料：鸡爪、蚝油。 制作：烹调方法制作精细，先煮后炸再炖而成。 特色：成菜色泽金黄，为著名广州菜。
麒麟鲈鱼	原料：乳猪。 制作：乳猪切片，秘制酱。 特色：此菜装盘十分讲究，制作艺术精细，色泽大红油亮，皮松软肉嫩滑，风味独特优美，驰名中外佳肴，为著名广州菜。 东江盐焗鸡原料：花雕鸡。 制作：制法独特。 特色：味香浓郁，皮爽肉滑，色泽微黄，皮脆肉嫩，骨肉鲜香，风味诱人，色如琥珀。
咸蛋蒸肉饼	原料：鸭蛋、猪肉。 制作：将鸭蛋用盐提前腌一段；将精猪肉打成肉末，拌在一起，蒸成肉饼。 特色：具有特别的咸香味，是广东各地家庭常用菜肴。 还有：什锦冬瓜帽、百花鱼肚、广式烧填鸭、海棠冬菇、冬瓜薏米煲鸭、池塘莲花、佛手排骨、一帆风顺、牡丹煎酿蛇脯等名菜。

(6) 名店、名品

贵联升的满汉全席、香糟鲈鱼球；聚丰园的醉虾、醉蟹；南阳堂的什锦冷盘、一品锅；品容升的芝麻球；玉波楼的半斋炸锅巴，福来居的酥鲫鱼；万栈堂的挂炉鸭；文园的江南百花鸡；南园的红烧鲍片；西园的鼎湖上素；大三元的红烧大裙翅；蛇王满的龙虎烩；六国的太爷鸡；愉园的玻璃虾仁；华园的桂花翅；北国的玉树鸡；旺记的烧乳猪；新远来的鱼云羹；金陵的片皮鸭；冠珍的清汤鱼肚；陶陶居的炒蟹；菜根香的素食；陆羽居的化皮乳猪、白云猪手；太平馆的西汁乳鸽等。

3. 鲁菜

山东菜简称鲁菜，有北方代表菜之称，也是黄河流域烹饪文化的代表。历史悠久，影响广泛。鲁菜是中国覆盖面最广的地方风味菜系，对北京、天津、华北、东北等地区烹调技术的发展影响很大。

(1) 历史

鲁菜发端于战国时的齐国和鲁国（今山东省），形成于秦汉。《尚书·禹贡》中载有"青州贡盐"，说明至少在夏代，山东已经用盐调味。远在周朝的《诗经》中已有食用黄河的鲂鱼和鲤鱼的记载。

经过隋、唐、宋、金各朝各代的提高和锤炼，鲁菜逐渐成为北方菜的代表，以至宋代山东的"北食店"久兴不衰。宋代后，鲁菜就成为了"北食"的代表。

(2) 特点

第一，咸鲜为主，突出本味，擅用葱姜蒜，原汁原味。

原料质地优良，以盐提鲜，以汤壮鲜，调味讲求咸鲜纯正。大葱为山东特产，多数菜肴要要用葱姜蒜来增香提味，炒、熘、爆、扒、烧等方法都要用葱，尤其是葱烧类的菜肴，更是以拥有浓郁的葱香为佳，如葱烧海参、葱烧蹄筋；喂馅、爆锅、凉拌都少不了葱姜蒜。海鲜类量多质优，异腥味较轻，鲜活者讲究原汁原味，虾、蟹、贝、蛤，多用姜醋佐食；燕窝、鱼翅、海参、干鲍、鱼皮、鱼骨等高档原料，质优味寡，必用高汤提鲜。

第二，以"爆"见长，注重火功。

鲁菜的突出烹调方法为爆、扒、拔丝，尤其是爆、扒素为世人所称道。爆，分为油爆、盐爆、酱爆、芫爆、葱爆、汤爆、水爆、宫保、爆炒等，充分体现了鲁菜在用火上的功夫。因此，世人称之为"食在中国，火在山东"。

第三，精于制汤，注重用汤。

鲁菜以汤为百鲜之源,讲究"清汤"、"奶汤"的调制,清浊分明,取其清鲜。清汤的制法,早在《齐民要术》中已有记载。用"清汤"和"奶汤"制作的菜品繁多,名菜就有"清汤柳叶燕窝"、"清汤全家福"、"氽芙蓉黄管"、"奶汤蒲菜"、"奶汤八宝布袋鸡"、"汤爆双脆"等数十种之多,其中多被列为高档宴席的珍馐美味。

烹制海鲜有独到之处,对海珍品和小海味的烹制堪称一绝。山东的海产品,不论参、翅、燕、贝,还是鳞、蚧、虾、蟹,经当地厨师的妙手烹制,都可成为精鲜味美之佳肴。

第四,丰满实惠、风格大气。

山东民风朴实,待客豪爽,在饮食上大盘大碗丰盛实惠,注重质量,受孔子礼食思想的影响,讲究排场和饮食礼节。正规筵席有所谓的"十全十美席"、"大件席"、"鱼翅席"、"翅鲍席"、"海参席"、"燕翅席"等,都能体现出鲁菜典雅大气的一面。

(3) 味型

以葱香调味,讲求咸鲜纯正。

(4) 烹饪

鲁菜常用的烹调技法有30种以上,尤以爆、扒技法独特而专长。扒技法为鲁菜独创,原料腌渍粘粉,油煎黄两面,慢火尽收汁,成品整齐成型,味浓质烂,汁紧稠浓。爆法讲究急火快炒。

(5) 派别

沿海的胶东菜(以海鲜为主,包括青岛在内,以福山帮为代表)和内陆的济南菜(包括德州、泰安在内),以及自成体系的孔府菜。

(6)代表菜

表5.3　　　　　　　　　　　　　　鲁菜代表作

菜品名	特色与烹饪
九转大肠	原料：熟大肠，熟猪油、花椒油、清汤、白糟、盐、味精、料酒、葱、姜、蒜、香菜、醋、胡椒面、砂仁、肉桂、豆蔻各适量。 准备工作：大肠一斤。洗大肠很麻烦，先用盐搓第一轮，洗去。二是用面粉搓里外，把脏物去掉洗去。三用醋洗去异味，洗净。最后一轮用花生油搓，基本可去掉异味。 制法：1.肠下锅煮熟捞起切段，再下锅煮捞起，锅放猪油一两烧热，放一两白糖，小火炒至变成鸡红色，放肠炒至上色，把肠拨在旁边，下葱、姜、蒜末爆香，和肠一起炒，加三匙羹醋炒，酒、放盐、酱油10克，水200克小火收汁。 2.待汁快干时，放少许胡椒粉，淋花椒油出锅。 特点：色泽红润，质地软嫩，兼有酸、甜、香、辣、咸五味，鲜香味美。
糖醋鲤鱼	原料：鲤鱼、姜、葱、蒜末、白糖、醋、清汤、湿淀粉、花生油。 制作：1.鲤鱼去鳞，开膛取出内脏，挖去两鳃洗净，每隔2.5厘米，先直剖(1.5厘米深)再斜剖(2.5厘米深)成刀花。 2.然后提起鱼尾使刀口张开，将精盐撒入刀口稍腌，再在鱼的周身及刀口处均匀地抹上湿淀粉。 3.炒锅放花生油。中火烧至七成热(约175℃)时，手提鱼尾放入锅内，使刀口张开。 4.用锅铲将鱼托住以免粘锅底，入油炸2分钟，将鱼推锅边，鱼身即成方形，再将鱼背朝下炸2分钟，然后把鱼身放平，用铲将头按入油炸2分钟，待鱼全部炸至呈金黄色时，捞出摆在盘内。 5.炒锅内留少量油，中火烧至六成热(约150℃)时，放入葱、姜、蒜末、精盐、酱油、加清汤、白糖、旺火烧沸后，放湿淀粉搅匀，烹入醋即成糖醋汁，迅速浇到鱼身上即可。 特色：鱼尾翘起，色如琥珀，外焦里嫩，具有香酥，酸、甜、咸的独特风味。
百花大虾	原料：新鲜对虾、鸡脯肉、鸡蛋清、火腿、黄蛋糕、发菜、红辣椒皮、香菜叶、绍酒、葱、姜末、清汤、芝麻油、淀粉各若干。 制作：1.将大虾挑去脊筋泥沙，去掉虾米，剥掉虾皮，去腿留尾，用清水洗净，从腹剖用刀劈成2/3深，使脊背相连，在肉面剖上十字花刀，用精盐、绍酒腌渍入味。火腿、黄蛋糕、红辣椒皮均切成小象眼皮。 2.鸡脯肉去净筋膜，剁成细泥，加入葱、姜末、精盐、绍酒、清汤、芝麻油搅匀成馅，均匀地分抹在虾肉上。鸡蛋清放入碗内搅打成蛋泡，加入干淀粉调和成蛋泡糊，将蛋泡糊分别抹在大虾肉馅的表面。再用火腿、红辣椒、蛋糕、香菜叶、发菜等点缀成花色图案。 3.将虾上蒸笼，用火蒸熟取出，滗净水分，摆在盘内。炒锅内加清汤、精盐、旺火烧沸，撇去浮沫，用湿淀粉勾成流芡，淋芝麻油，浇在虾身上即成。 特点：造型优雅，味道鲜美，营养丰富。

续表

菜品名	特色与烹饪
汤爆双脆	原料：猪肚头、鸡肫、葱椒、绍酒、香菜末适量。 制作：肚头、鸡肫头用刀切开，剥去外皮，在清水中洗净，去掉里面的筋杂、外面刻十字花刀（深为肚厚的2/3），清水洗净放入另一碗内备用。汤锅内放入清水，置旺火上烧至八成热时，先放鸡肫后放肚头末，立即捞出放入汤碗内，加葱椒、绍酒拌匀，撒入香菜末、胡椒粉。炒锅内放入清汤、酱油、精盐、葱椒、绍酒置火上加热烧沸；打去浮沫，加味精浇入汤碗内，迅速上桌，落桌后将主料推入汤内即成。 特点：质地脆嫩，汤清质淡，味道香醇。
蟹黄海参	原料：蟹黄、水发刺参、绍酒、白糖、湿淀粉、葱姜。 制作：1.把海参顺长劈成片，放在沸水中一氽捞出。炒锅内放入花生油，旺火烧至七成热（约175℃），投入海参，烹入绍酒，加酱油、清汤、味精、白糖烧透，用湿淀粉勾芡，浇上葱椒油拌匀，盛入盘内。 2.炒锅内加少量油，中火烧至七成热（约175℃）时放葱、姜末，炸出香味，加入蟹黄，烹入绍酒，颠翻调匀，加酱油、清汤、味精沸后用湿淀粉勾芡，淋上葱椒油，浇在海参上即成。 特点：色泽红润，软烂醇郁，滋味鲜美。

(7) 名店、名品

北京市丰泽园饭店、雅士居的九转大肠、泉城大包、草包包子、孟家扒蹄、名士多烤全羊、黄家烤肉作坊、亮亮拉面、富源海鲜城、小忠鑫胶东菜馆的干烹鲳鱼、烤鱿鱼、梁记粥铺。

4．淮扬菜

惟一破例以省以下城市及区域称谓的淮扬菜系，又称维扬菜系。淮扬菜与鲁菜、川菜、粤菜并称为中国四大菜系，又称为八大菜系之首。指流行于江苏扬州、镇江、淮安及其附近地域的等地菜肴，并且汇集上述菜肴之精华，是江苏菜系的代表性风味。许多标志性事件的宴会都是淮扬菜唱主角：1949年中华人民共和国开国大典首次盛宴、1999年中华人民共和国50周年大庆宴会，都是以淮扬菜为主。

(1) 历史

淮扬菜见于文献，当自《尚书》"淮海惟扬州"始。自先秦发展至汉晋，史载扬州已是"熟食遍列"。扬州地处长江下游东经120度左右、北纬33度上下,气候适宜,物产在丰富;淮安、扬州、镇江三地位于长江南北,紧挨京杭大运河,从地理上看是连接南北西东的重要交通枢纽,位于江河水网地区,自古以来就是富庶的鱼米之乡。淮安、扬州早在隋、唐时期就已经相当繁华,当时的淮安、扬州不仅仅是文化交流上的发达,更可以理解为淮安、扬州在那个时候便已是消费集中地带!从文献记载中淮扬菜的闻名可以追溯到一千多年以前;和淮安以及扬州的文化交流发展、鼎盛过程一样。淮菜在隋唐的时候,就已经是驰誉神州的中国四大古典菜系之一。

在明清以前,淮安(今淮安市楚州区)、扬州都是全国有名的大都市,都有各自的饮食文化传统。而"淮扬"出现,是因为明清以后,淮菜和扬菜开始相互渗透、逐渐融合,并糅合南北风味于一炉,在清代康熙、乾隆年间达到巅峰,借势于两代皇帝的频频南巡期间,屡屡逗留淮安、扬州。从而形成了统一的菜系。到乾隆年间,淮扬菜系已经成为全国四大菜系之一。

可以说,淮扬菜系初现于唐,形成于明清;在清朝的时候,最为鼎盛发达。

(2)特点

淮扬菜选料严谨、因材施艺;制作精细、风格雅丽;追求本味、清鲜平和。"醉蟹不看灯、风鸡不过灯、刀鱼不过清明、鲟鱼不过端午",这种因时而异的准则确保盘中的美食原料来自最佳状态,让人随时都能感遇美妙淮扬。

淮扬菜十分讲究刀工,菜品形态精致,滋味醇和;在烹饪上则善用火候,讲究火功,擅长炖、焖、煨、焐、蒸、烧、炒;还重视调汤,原汁原味,风味清新,浓而不腻,淡而不薄,与当下追求绿色、健康的饮食风尚相吻合。

(3)味型

追求本味、清鲜平和。

(4)派别

即淮安(今楚州)、扬州、镇江三地风味菜的总称。"淮"即淮菜,以淮安(今淮安市楚州区)为代表;"扬"即扬菜,以扬州、镇江一带为代表,包括了两地的风味菜特点。

(5)代表菜

表 5.4　　　　　　　　　　　　淮扬菜代表作

菜品名	特色与烹饪
红烧狮子头	原料:猪肉(十分瘦肉,三分肥肉)。 制作:1.细切粗斩,大小要如米粒,不能剁太细,让肉质间保持缝隙,才能含汁。 　　　2.在容器上,要细火慢炖,以砂锅为最佳。 特色:是中国逢年过节常吃的一道菜,也称四喜丸子,是取其吉祥之意。有肥有瘦的肉红润油亮,配上翠绿青菜掩映,鲜艳的色彩加上扑鼻的香味;醇香味浓的肉块与汁液,才是美味。狮子头要柔软好吃,肉最好自己剁。
软兜长鱼	原料:小长鱼、味精、香醋、白胡椒粉、姜片、绍酒、蒜瓣片、粗盐、水淀粉、葱结、酱油、熟猪油淮扬菜。 制法:1.锅内放入清水2000克、粗盐、香醋100克、葱结、姜片,用旺火烧沸,速倒入长鱼,盖紧锅盖,待长鱼停止窜动,嘴张开,水沸后再加入少量清水,并用手勺轻轻地将长鱼推动翻身,焖约3分钟,将长鱼捞出,放入清水中洗净,捞出,取脊背肉一掐两断,放入沸水锅中烫一下,捞出沥去水分。 　　　2.炒锅置旺火上烧热,舀入熟猪油75克,烧至七成热时,投入蒜片炸香,放入长鱼脊背肉,加入绍酒、味精、酱油,用水淀粉勾芡,烹入香醋15克,淋入熟猪油25克,颠锅装盘,撒上白胡椒粉即成。 特点:此菜香脆不腻,清香醇厚,咸甜适口,口味平和,在制作上特别讲究辅料搭配、火候运用,保持主菜的原汁原味,同时又体现佐料的渗透。
平桥豆腐	原料:嫩豆腐、水发海参、虾米、熟鸡脯肉、蘑菇、干贝、鸡汤、姜、绍酒、淀粉、麻油、青蒜、高汤。 制作:将整块豆腐放入冷水锅中煮至微沸,以去除豆腥黄浆水,捞出后片成雀舌形,放入热鸡汤中。反复套过两次,鸡脯肉、蘑菇、海参均切成豆腐大小的片。虾米洗净,用温水泡透。干贝洗净,去除老筋,入碗内,加葱姜、绍酒、水,上笼蒸透取出。炒锅上火烧热,放油,投入配料、高汤、干贝汁,烧沸到将豆腐捞入锅中,加精盐、绍酒、味、精,沸后用水淀粉勾芡,淋入麻油,盛入碗中,撒上青蒜末即成。 特色:豆腐片洁白细嫩,辅以鸡汁海鲜,味美汤浓。

续表

菜品名	特色与烹饪
淮山鸭羹	原料:淮山药,熟鸭肉,火腿末,蛋糕丁,虾米,青蒜丝,葱姜,鸡汤,精盐,味精,胡椒粉,湿淀粉,熟猪油,芝麻油。 制作:山药蒸熟后,去皮,同熟鸭肉均切小丁,锅内炸香葱,姜,加山药丁、鸭肉丁、蛋糕丁、虾米、高汤、调料,烧开后,用湿淀粉勾芡,淋熟猪油,装碗,淋芝麻油,撒胡椒粉、青蒜丝即成。 特点:山药软糯,鸭肉酥烂,羹汤香浓烫鲜。
开洋蒲菜	原料:蒲菜(只可在淮安城勺湖、月湖生长)、鸡汤或肉汤内、猪肉。 制作:把蒲根茎、蒲叶放入鸡汤或肉汤内,加佐料烩制。如跟猪肉一起烩制则更好。 特色:这种菜味鲜爽口,营养丰富,为淮安佳肴。
清炖蟹粉狮子头	原料:猪肋条肉、青菜心、蟹粉、绍酒、精盐、味精、葱姜汁、干淀粉。 制作:1.猪肉刮净、出骨、去皮。将肥肉和瘦肉先分别细切粗斩成细粒,用酒、盐、葱姜汁、干淀粉、蟹粉75克拌匀,做成6个大肉圆,将剩余蟹粉分别粘在肉圆上,放在汤里,上笼蒸50分钟,使肉圆中的油脂溢出。 　　2.将切好的青菜心用热油锅煸至呈翠绿色取出。取沙锅一只,锅底安放一块熟肉皮(皮朝上),将煸好的青菜心倒入,再放入蒸好的狮子头和蒸出的汤汁,上面用青菜叶子盖好,盖上锅盖,上火烧滚后,移小火上炖20分钟即成。食用时将青菜叶去掉,放味精,连沙锅上桌。 特点:肉圆肥而不腻,青菜酥烂清口,蟹粉鲜香,肥嫩异常。国宴常用菜,以鲜嫩丰腴著称,入口而化,咸鲜隽永。
三头菜	是淮扬菜中以寻常甚至腥膻味较重的原料烹制的不同凡响的佳肴。鼎中之变,微在精妙。三头菜的制作发挥了淮扬菜制作精细、娴于炖焖的特长,保持完美的外形,酥烂而无骨,黏韧、柔滑、鲜嫩而卤汁胶浓,带有居家常馔的风味,百嗜不厌。

(6)名店、名品

北京饭店:开国第一宴。1949年10月1日晚,中央人民政府在举行开国宴会。宴会以淮扬风味招待宾朋,选用了蟹粉狮子头、盐水鹅、炒虾仁、干丝、全家福等许多扬州菜。

扬州福满楼:三头宴。狮子头、扒烧猪头、拆烩鲢。鱼头是以腥膻味重的原料烹制成的佳肴。三头酥烂、粘韧、柔滑、胶浓。三头体现了淮扬菜制作精细、擅长炖焖的特色。二十多年前，扬州厨师以三头等为主菜，推出三头宴。需要预定！

扬州宴都饭店：秋瑞宴。2001年秋，参加在宁举行的第六届华商大会代表2000多人来扬游览、品尝。扬州烹饪界设计了《秋瑞宴》。该宴色美、香馥、味全、形态跌宕多姿、质感丰富，原料多取地产，深受华商好评。

西园饭店：红楼宴。曹雪芹著《红楼梦》，大量描述了饮食活动。全国有四市作红楼宴。曹祖父曹寅几任两淮巡盐御史，著《居常饮馔录》。著名的红学家冯其庸说："红楼菜实在是扬州菜的体系"，认定红楼菜为淮扬菜。扬州红楼宴以味美精致、丰盛见长，给人以高层次饮食文化艺术享受。

扬州迎宾馆：满汉全席。康熙南巡扬州，始设满汉席。《扬州画舫录》最早记载了满汉席席单。20世纪90年代初，扬州烹饪专家大师始研制满汉全席。满席有北方游牧特色，汉席以淮扬风味为主轴线，荟萃江南风味精华。目前，约有八个城市制作满汉全席。扬州的满汉全席富丽堂皇、豪华丰盛，展现"东南第一佳味"的魅力。

(7) 风味小吃

三丁包子、千层油糕、双麻酥饼、翡翠烧卖、干菜包子、野鸭菜包、糯米烧卖、蟹黄蒸饺、车螯烧卖、鸡丝卷子、笋肉锅贴、扬州饼、蟹壳黄、鸡蛋火烧、咸锅饼、萝卜酥饼、鸡丝卷、三鲜锅饼、桂花糖藕粥、三色油饺、四喜汤团、生肉藕夹、豆腐卷、笋肉小烧卖、赤豆元宵、五仁糕、葱油酥饼、黄桥烧饼、虾籽饺面、笋肉馄饨。

5. 湘菜

湘菜，是我国历史悠久的一个地方风味菜。擅长香酸辣，具有浓郁的山乡风味。湖南的地理环境为湘菜的出现提供了有利条件。湖南全省地处我国中南地区，南有雄崎天下的南岳衡山，北有一碧万顷的洞庭，湘、资、沅、澧四水流经全省。气候温暖，雨量充沛，自然条件优越。湘西地区，山高林茂，盛产笋、蕈和山珍野味；湘东南地区，丘陵和盆地为多，农、牧、副、渔都发达；湘北地区，是著名的洞庭湖平原，盛产鱼虾和湘莲，素称"鱼米之乡"，是湖南乃至全国的粮仓。在《史记》中曾记载了楚地"地势饶食，无饥馑之患"。

(1) 历史

潇湘先民开始吃熟食，是八九千年前的事，湖南出土的新石器时期的精美陶食器和酒器及谷物和动物骨骸，可以说明湖南人当时就脱离了茹毛饮血的原始状态了。

春秋战国时期，湖南祭祀之风盛行。祭祀活动对菜肴的品种、色、香、味、形上很讲究。从诗人屈原的《楚辞》中的《招魂》和《大招》两篇中我们可以知道，当时已有烧、烤、焖、煎、煮、蒸、炖、醋烹、卤、酱等十来种烹调方法，形成了酸、咸、甜、苦等为主的南方风味。长沙等地楚墓中出土的数千件漆器食器造型优美，色彩艳丽，花纹流畅。

秦汉两代，湖南的饮食文化逐步形成了一个从用料、烹调方法到风味风格都比较完整的体系，其使用原料之丰盛，烹调方法之多彩，风味之鲜美，都是比较突出的。

自唐、宋以来，尤其在明、清之际湖南饮食文化的发展更趋完善，逐步形成了全国八大菜系中一支具有鲜明特色的湘菜系。

(2)特点

油重色浓，制作精细，用料广泛，芡大油厚，咸辣香软，烟熏腊肉和各种腌肉。

(3)味型

共同风味是辣味菜和腊味菜。注重酸辣、香辣。以辣味强烈著称的朝天辣椒，全省各地均有出产，是制作辣味菜的主要原料。

(4)派别

湘江流域、洞庭湖区和湘西山区三种地方风味为主的湖南菜系。

湘江流域的菜：以长沙、衡阳、湘潭为中心，是湖南菜系的主要代表。它制作精细，用料广泛，口味多变，品种繁多。其特点是：油重色浓，讲求实惠，在品味上注重酸辣、香鲜、软嫩。在制法上以煨、炖、腊、蒸、炒诸法见称。

洞庭湖区的菜：以烹制河鲜、家禽和家畜见长，多用炖、烧，腊的制法，其特点是芡大油厚，咸辣香软。炖菜常用火锅上桌，民间则用蒸钵置泥炉上炖煮，俗称蒸钵炉子。

湘西菜：擅长制作山珍野味、烟熏腊肉和各种腌肉，口味侧重咸香酸辣，常以柴炭作燃料，有浓厚的山乡风味。

（5）代表菜：

表5.5　　　　　　　　　　　　　　湘菜代表作

菜品名	特色与烹饪
腊味合蒸	原料：腊肉、腊鸡、腊鱼、熟猪油、白糖和调好味的肉清汤。 做法：1.将腊肉、腊鸡、腊鱼用温水洗净，盛入钵瓦内上笼蒸熟取出；腊鸡去骨，腊肉去皮，腊鱼去鳞；腊肉切4厘米长、0.7厘米厚的片，腊鸡、腊鱼切成大小略同的条。 2.取瓷菜碗一只，将腊肉、腊鸡、腊鱼分别皮朝下整齐排放碗内，再放入熟猪油、白糖和调好味的肉清汤上笼蒸烂，取出翻扣在大瓷盘中即成。 特色：此菜腊香浓重，咸甜适口，色泽红亮，柔韧不腻，稍带厚汁，且味道互补，各尽其妙。"腊味合蒸"以各种腊熏制品同蒸，风味独特，是湘菜中传统风味名菜。
湘江鲫鱼	用料：湘江活鲫鱼、鲜红椒、蒜泥、姜、料酒、陈醋、香油。 做法：1.清洗鲫鱼放葱、姜、料酒腌制10分钟。红椒、姜切成米粒状，葱切成花。 2.烧油至七成热，下入鲫鱼氽炸，至金黄色捞出。 3.放香油倒入红椒米、姜末、蒜泥、碎干椒炒香，加入盐、味精，烹入陈醋，倒入鲫鱼翻炒入味，撒上葱花，出锅。 特色：香、脆、辣爽。
酸辣肘子	原料：猪肘子、小野山笋、野山椒、豆瓣酱、红油、辣椒粉、白砂糖、陈醋、蚝油、味精、鸡精。 做法：1.猪肘子烫毛煮八成熟； 2.锅烧油至七八成热，肘子入油锅炸至金黄色捞出沥油； 3.卤水烧开，放肘子卤至酥烂，备用； 4.锅下油，加上述调料及高汤烧开，加肘子一起焖至入味装盘； 5.面上撒上芝麻、葱花即可。 特色：色泽鲜艳、口感暴爽。
翠竹粉蒸鲴鱼	原料：母鲴鱼1尾、白醋、熟米粉、绍酒、五香粉、原汁酱油、豆瓣酱、姜等。 做法：1.取直径10厘米、长25厘米、两端竹节的翠竹筒1节，离竹筒两端约4厘米处，横锯2条，再破成宽10厘米的口，破下的竹片作筒盖。 2.将鲴鱼从腹部剖开，去内脏，洗净沥干。切成5厘米长、3厘米宽、2厘米厚的长方形块，再用水清洗一闪，沥干水放入大碗。加原汁酱油、豆瓣酱、胡椒粉、五香粉、甜面酱、花椒粉、精盐、白糖、白醋、绍酒、味精、芝麻油、辣椒油、葱、姜末拌匀，然后加入米粉、熟猪拌匀，腌5分钟，再将腌好的鱼放入竹筒，盖上筒盖，上笼蒸20分钟取出。用托盘竹上席，揭去盖即成。 特色：1.选用洞庭未产子的鲴鱼，2500克左右为佳。 2.鲴鱼名贵，上颌和尾部同时选用，以免顾客误认为蛇鱼代替。 3.鲴鱼处理后，挤出涎窝，斩去边鳍，连同头尾一起剁块。
三层套鸡	原料：母鸡、鸽子、麻雀各1只、天麻、枸杞等。 制作：在母鸡体内放一鸽子，鸽子内放一麻雀，麻雀之内放天麻、枸杞之类，三物套蒸，制成三层套鸡。 特色：可医治头疼，为长沙名厨柳三和擅长的名菜之一。

续表

菜品名	特色与烹饪
补密制豆腐乳	原料：新鲜豆腐一块，没有稻草就用报纸代替，十三香、盐、自制花椒面、鸡精、想吃辣的可以加一些辣椒面。 做法：1.根据你的豆腐多少准备一个可以密封的容器，在里面放好报纸，铺好保鲜膜或者干净的塑料袋，把打好的豆腐放在上面。 2.放好豆腐后在它的上面再放一层保鲜膜或者干净的塑料袋，在放上报纸。 3.把盖子盖好，放置四五天左右。腐乳好不好吃关键就看这一步。 4.混合好调料，让豆腐块在调料粉里打一滚。 5.把沾好调料的豆腐块码放在容器中加入凉白开和白酒，瓶口密封。一般放上一礼拜就可以了。 特色：越久越好吃，打开后要放冰箱！
组庵鱼翅	原料：鱼翅、鸡汤、五花猪肉、酱油。 制作：1.用鱼翅加鸡汤、五花猪肉、酱油等； 2.用小火煨制而成。 特色：汁浓味鲜，使鱼翅更加软糯爽滑，汤汁更加醇香鲜美，以清鲜糯柔著名。清代光绪年间进士谭组庵十分喜欢吃此菜，从此闻名天下。因此菜为谭家家厨所创，故称为"组庵鱼翅"。毛泽东视察长沙火宫殿菜馆，并品尝了该菜，给予很高的评价。
霸王别姬	原料：甲鱼、鸡、香菇、火腿、料酒、葱、姜、蒜。 制作：用甲鱼和鸡为主要原料，辅以香菇、火腿、料酒、葱、姜、蒜等佐料，采取先煮后蒸的烹调方法精制而成。 特色：传统湘菜，问世于清代末年。制法精巧，吃法独特，鲜香味美，营养丰富，一经品尝，留齿犹香，是酒席筵上的佳品。

(6) 名店、名品

长沙火宫殿的组庵鱼翅、玉楼东的霸王别姬、三和酒家的三层套鸡、酸辣肘子、翠竹粉蒸鲴鱼、补密制豆腐乳、腊味合蒸、酸辣鸡丁、芙蓉鲫鱼、风情羊柳、湘西酸肉、冰糖湘莲、炸八块、口味蛇、洞庭金龟、鲮鱼烩芽白、开胃水鱼、金牌猪手王、火腿炒茄瓜、葵花饼、翠竹粉蒸鱼、青韭鱿鱼丝、发丝百叶、锅贴鱼、辣椒鱼、南荠草莓饼、浪花天香鱼、辣椒炒猪肚片、木桶辣子虾、老妈子带鱼、菊花青鱼、干锅手撕包菜、玻璃鲜墨、好丝百叶、贵妃醋鸡钵、麻辣子鸡、清汤柴把鸭、水煮猪杂、剁椒鱼头、干锅腊味河蚌、煎连壳蟹、潇湘猪手、酸辣狗肉等。

(7) 风味小吃

宝庆猪血丸子、土家贡酒、洞庭腊野鸭条、龙脂猪血、德园包子、洞庭银鱼、椒盐馓子、菊花烧卖、团年菜、血豆腐、臭豆腐等。

6. 闽菜

闽菜是福建菜的简称，起源于福建省闽侯县。它是以福州、泉州、厦门等地的菜肴为代表发展起来的。它是中国烹饪主要菜系之一，在中国烹饪文化宝库中占有重要一席。

（1）历史

5000年之前的昙石山新石器时代遗址（闽侯县甘蔗镇恒心村出土）的炊具陶鼎和连通灶，证明福州地区在就已从烤食进入煮食时代了。

晚唐五代，河南光洲固始的王审知兄弟带兵入闽建立"闽国"，对福建饮食文化的进一步开发、繁荣，产生了积极的促进作用。闽菜在继承传统技艺的基础上，博采各路菜肴之精华，逐渐朝着精细、清淡、典雅的品格演变，格调甚高的闽菜体系初步奠基成功。

清末民初，旅外华侨从海外，特别是南洋群岛，引进的新品种食品和一些新奇的调味品，对丰富福建饮食文化，充实闽菜体系的内容，发生过不容忽略的影响，从而使闽菜成为带有开放特色的一种独特的菜系。福建先后涌现出一批富有地方特色的名店和真才实艺的大师级名厨。

至此，形成了今天看到的闽菜全貌。

（2）特点

经历了中原汉族文化和当地古越族文化的混合、交流而逐渐形成。闽菜的风格特色是：淡雅、鲜嫩、和醇、隽永、清爽、偏于酸甜。主要表现在以下四个方面：

第一，烹饪原料以海鲜和山珍为主。

第二，刀工巧妙，一切服从于味。闽菜注重刀工，有"片薄如纸，切丝如发，剞花加荔"之美称。

第三，汤菜考究，变化无穷。闽菜重视汤菜，与多烹制海鲜和传统食俗有关。

第四，烹调细腻，特别注意调味。闽菜的烹调细腻表现在选料精细、泡发恰当、调味精确、制汤考究、火候适当等方面。有甜而不腻，酸而不淡不薄的盛名。

（3）味型

注重调味，甜而不腻，酸而不淡不薄。

（4）派别

闽菜由福州、闽南和闽西三路不同风味的地方菜组合而成。

福州菜闽东、闽中、闽北地区，包括泉州、厦门，菜肴淡爽清鲜，重酸甜，讲究汤提鲜。

闽南菜包括漳州一带，讲究作料调味，重酸辣。

闽西菜包括长汀及西南一带地方，就是闽西客家地区，偏重咸辣，烹制多为山珍，带有山区风味。

而闽南小吃则广传于厦门、泉州、漳州、闽南金三角，故此，闽菜形成三大特色,一长于红糖调味,二长于制汤,三长于使用糖醋。

(5)代表菜

表 5.6　　　　　　　　　　　闽菜代表作

菜品名	特色与烹饪
佛跳墙	原料:鱼翅、葱、姜、绍酒、猪肥膘肉、鲍鱼、鸡肫肝、鸭肉、鸡翅、瘦猪肉、鸽蛋、干淀粉、冰糖、桂皮、猪骨汤、蹄筋、海参、花菇、干贝、莲心、葱油。 制作:1.将水发鱼翅排在竹片上,与葱,姜,绍酒下沸水锅,煮10分钟去腥味,将竹片拿出放在汤碗里,鱼翅上摆放猪肥膘肉,加绍酒上笼蒸2小时,拣去肥膘肉,滗蒸汁。鲍鱼切成薄片,每副鸡肫肝一切四,鸭肉、鸡翅、瘦猪肉切成小块。煮熟鸽蛋,去壳,撒上干淀粉滚匀,入油锅炸至金黄色。 　　　2.把鸭块、瘦猪肉块和鸡翅膀放入锅煸,加酱油、冰糖、桂皮、味精各少许,下绍酒,猪骨汤,旺火煮开,捞出装入小坛子。别将鸡肫肝、蹄筋和海参入锅烧开捞出装到小坛子里。把花菇、干贝、鲍鱼、火腿、鱼翅、鸽蛋、莲心等一起装到小坛子,面上放姜片。 　　　3.将熬好的葱油倒进小坛子,加绍酒、盐、味精,用荷叶密封坛口,小火煨3小时,启封即成。 特色:美味,可"引佛跳墙"。
爆炒腰花	原料:猪腰、姜片、蒜片、葱段、料酒、蚝油、糖、生粉水。 做法:1.先将猪腰趟开两边,去掉白色的筋,切成腰花。把腰花放在烧的开水里,加两三片姜,煮两到三分钟左右。 　　　2.把灼过的腰花过清水,去异味。 　　　3.爆炒配料一下。 　　　4.放姜片、蒜片 葱段,放适量料酒,爆炒腰花。 　　　5.把配料也放进去炒。打个芡(蚝油两大匙。一小匙糖、少许的生粉水)就可以上碟了。 特色:保留了腰花的滑嫩。
青椒肉丝	原料:肉丝、油、青椒、笋丝。 制作:肉丝用温油滑熟,捞出青椒下锅炒出香味;倒入肉丝,笋丝,和调料,翻匀,炒匀,就可上桌。 特色:美味、便宜、简单,为流传广泛的家常菜!
醉排骨	原料:猪大排骨、大蒜头、鸡蛋白(2只)、咖喱粉、芥末、胡椒粉、黄酒、白糖、辣酱油、芝麻酱、番茄酱、醋、菱粉、麻油。 做法:1.将排骨切成20多块长方块。 　　　2.将菱粉、酒、盐、蛋白各少许;再将芝麻酱、番茄酱、辣酱油、咖喱粉、芥末、糖、酒、盐、胡椒粉、麻油、酱油、醋分别调和在不同的两只碗里。 　　　3.开温火热猪油,将排骨放入菱粉、蛋白糊里抓一抓,再放油锅氽熟,将排骨取出,滤油,盛盘。倒油。 　　　4.将大蒜拍碎,下原热锅炒香,倒入原有调料的小碗里,一起浇在排骨上即好。 特点:色金黄,味香甜酸辣俱全。

续表

菜品名	特色与烹饪
荔枝肉	原料：猪瘦肉、净荸荠片、蒜末、葱段、番茄汁。 制作：1. 猪瘦肉切块，剞斜十字花刀，再切成斜形块，与荸荠片用湿淀粉抓匀。 　　　2. 清汤加调料调成卤汁。肉块与荸荠下锅炸2分钟，呈荔枝状捞出。 　　　3. 蒜末、葱段下锅煸炒，倒入卤汁，再放入荔枝肉、荸荠片翻炒，装盘即成。 特点：荔枝的清香，隽永而留颊。
雀巢香螺片	原料：鲜螺肉、料酒、土豆、油、蛋皮、香菇、竹笋、青椒、葱、马蹄片、白酱油、白糖、味精、上汤、胡椒粉、湿淀粉、蒜米。 制作：1. 鲜螺肉去尾部，用竹刷去污洗净后切成大小均匀的薄片，放入60℃的热水中氽一下捞起，用料酒腌渍2分钟，倒去酒汁待用。 　　　2. 土豆去皮切成丝，用清水泡去淀粉，均匀地排列在小漏勺上，再用一只漏勺压住，入八成热油锅炸至金黄色并成鸟巢形，在雀巢内饰一张蛋皮。 　　　3. 香菇、竹笋、青椒切棱形，焯水待用。葱白切马蹄片与白酱油、白糖、料酒、味精、上汤、胡椒粉、湿淀粉一并调匀成卤汁。 　　　4. 锅置旺火上，下花生油烧七成热时，先将蒜米煸香，然后下香菇、竹笋、青椒，炒几下，倒入卤汁烧沸后即速倒进氽好的香螺片，颠炒几下，装入雀巢即成。 特色：没有螺的膻味，但是有螺肉的滑嫩；造型别致。

(6) 名店、名品

黄山的餐馆：胖子菜馆的红烧鱼块、老街一楼（酒楼）、美食人家（餐馆）、徽商故里（酒店）、老街口客栈（酒楼）、明清徽州（酒楼）、醉糟鸡、酸辣烂鱿鱼、烧片糟鸡、太极明虾、清蒸加力鱼、荔枝肉、煎卷、九重粿、小长春、醉蚌肉、白烧鱼翅、醉糟鸡、汤川天笋、芙蓉干贝、香露全鸡、菊花鲈鱼、花卷鱿鱼、冰糖燕窝、淡糟香螺片、红焖通心河鳗、七星鱼丸汤、酸菜工梅鱼、软溜珠廉鱼、鸡茸金丝笋、鸡汤氽海蚌、灵芝恋玉蝉、龙身凤尾虾、蛏干炖薯仔、生炒海蚌、油爆双脆、清炖全鸡等。

(7) 风味小吃

芋泥、鼎边糊、蛎饼、春卷、九层粿、光饼、葱肉饼、肉松、燕皮、鱼露、线面、屯溪烧饼、油炸毛豆付、生煎臭豆腐、石头果、宝葫芦（小吃店）的赤豆糊、酱排年糕等。

7. 徽菜

徽菜是中国八大菜系之一。"徽",仅仅指徽州,也就是黄山麓下的歙县(古徽州),包括今天安徽省黄山市、绩溪县及江西省婺源县。徽州地区是历史上中国经济文化重地,安徽省名中的"徽"字就是由徽州而来。因此,徽菜之"徽"不能完全等同于安徽之"徽"。

从气候来看,徽州处于两种气候交接地带,雨量较多、气候适中,物产特别丰富。

从地形地貌来看,徽州是山区,野生动物,栖山而息,种类就更多。黄山植物就有1470多种,其中不少可以食用。

山珍野味,构成了徽菜主佐料的独到之处。主要名菜有"火腿炖甲鱼"、"红烧果子狸"、"腌鲜鳜鱼"、"黄山炖鸽"等上百种。

(1)历史

徽菜发端于唐宋,兴盛于明清,民国间继续发展,建国后进一步发扬光大。

这个出于弹丸之地的菜系,如何能享誉全国?

十大商帮,徽商居首。很多外地人,查一查祖上三代、四代,祖籍都是"徽州"。徽州人的传统是,"十三在邑",就是13岁在家,"十七在外",也就是说17岁就得外出闯天下了。徽商遍布全国!徽菜,在这种形势下,也就作为菜系在全国出现了。

(2)特点

从原料来看,山珍野味,构成了徽菜主佐料的独到之处。

从烹饪手法来看,仍然保持重色、重油、重火功!因此可以形成"如老或嫩,硬或软,结或松"的特点。

重色:调色之功,保存本色靠徽州的酱油——黄豆制成的。

重油:调味之功,炒菜用油是自种自榨的菜籽油;当然,徽菜用火腿调味是传统,"金华火腿在东阳,东阳火腿在徽州"。

重火功:调质之功,依靠使用大量木材作燃料。比如炭火的温炖、柴禾的急烧、树块的缓烧,是比较讲究的。

(3)味型

清爽、鲜嫩、淡雅、偏于酸甜。

(4)代表菜

第五章 餐饮文化

表 5.7　　　　　　　　　　徽菜代表作

菜品名	特色与烹饪
徽州圆子	原料：生、熟猪肥膘肉和炒米、鸡蛋、白糖为主料，配以蜜枣、青梅、金桔等。 制作：炸成金黄色圆子，浇以汤料。 特色：外观金黄，表皮酥脆，馅心味甜香浓，是徽州传统风味菜。
虎皮毛豆腐	原料：屯溪、休宁一带的特产毛豆腐为主料，配以辣椒酱等佐料。 特色：呈黄色虎皮条纹，鲜、醇、爽、香、开胃，是徽州特殊风味菜肴。
凤炖牡丹	原料：整鸡一只、猪肚、火腿若干。 制作：以整鸡代凤，猪肚切成牡丹花，火腿片作花蕊，用木炭火细炖。 特色：造型美观，汤浓如乳，肉烂肥鲜，是体现徽州山乡特色的一道大菜。
香菇板栗	原料：山区特产香菇、板栗。 特色：呈黄褐色，两色分明，酥香脆嫩，清鲜爽口。
腌鲜鳜鱼	原料：以淡盐水腌制的鲜鳜鱼为主料，佐以猪五花肉、山笋等。 特色：入口肉嫩白鲜美，为徽州著名的传统风味。
香菇盒	原料：大香菇两只、瘦猪肉等。 制作：以两只大香菇相合，间夹猪瘦肉等佐料制成。整齐地排列盘中，型色悦目，入口芳香。
红烧果子狸	原料：人工饲养的果子狸为主料，佐以净梨等原料。 特色：红烧成菜后，菜色金黄，汤汁稠亮，狸肉细烂浓香，味鲜甜带有微咸，是冬季时菜中的珍品。
问政山笋	原料：歙县问政山竹笋为主料，麻油等为佐料。 制作：竹笋煮后，浇以麻油等制成。 特色：笋色玉白，清香脆嫩，鲜甜微酸。
黄山炖鸽	原料：以鸽子为主料，佐以黄山特产山药。 制作：置砂锅中用炭火炖成。 特色：其汤色清白，鸽肉酥烂，山药鲜香，原味不失。
双脆锅巴	原料：猪肚头、鸭胗为主料，香菇、笋、火腿片、鸡汤为辅料。 制作：做成汤汁，浇在刚起锅的油炸锅巴上。 特色：酥松中透出清香，其味格外鲜美，俗称"平地一声雷"。传为乾隆所盛赞。
什锦蕨粉糊	原料：徽州山区特产野生蕨、干笋、火腿、洋葱。 制作：将根洗净捣碎，漂净成粉，配上干笋、火腿、洋葱花等制成蕨粉糊。 特色：细腻、白净、润滑、清凉，是夏季防暑降温之佳品。
毛峰鸡丝羹	(开胃羹)原料：黄山毛峰、鸡丝、火腿丝、姜丝、笋丝。 制作：黄山毛峰泡3分钟后，倒去原汁，再泡3分钟捞出。将鸡丝、笋丝、火腿丝、姜丝调好味，置入汤锅内，加入100克茶汁，勾芡，淋蛋清，撒毛峰，拌匀即可。 特色：风味独特，备受好评。
小溪涧桃花鳜鱼	原料：在石缝中巡游的小鱼。 制作：以小火慢烧，胶汁极浓。
双爆串飞	原料：山鸡和野鸭脯肉为主料，以青豆、鸡蛋清作佐料。 特色：菜白绿相间，形如麻花，肉鲜嫩，略带葱、姜和花椒香味。
清蒸石鸡	原料：以山涧石鸡为主料，佐以徽州山区特产香菇。 特色：盖碗清蒸，原味不散，汤清见底，肉嫩味鲜，香郁诱人。
火腿炖甲鱼	原料：徽州山区特有的"沙地马蹄鳖"为主料，火腿及火腿骨等为佐料。 特色：汤色清醇，肉烂香浓，裙边滑润，无腥味。
杨梅丸子	原料：肉、蛋和杨梅汁。 特色：呈玫瑰红，入口香甜带酸，形味皆如真杨梅，是徽州的民间菜肴。

(5)名店、名品

绩溪一品锅、狮林四喜、凤炖牡丹、麻花酥鲫鱼、八公山豆腐、花菇田鸡、清香砂焐鸡、凤炖牡丹、干烧臭鳜鱼、八宝满山香、鸳鸯土豆泥、茶叶熏鸡、李鸿章杂烩、鸭黄豆腐、黄山三美、锡包银鳕鱼、竹筒仔鸡、砂煲鱼头、石榴包、铁狮子头、无为熏鸭、卤肉豆沙酥饼、清蒸鹰龟、徽州圆子、鱼咬羊、玉兔海参、当归獐肉、八士聚会、蝙蝠莲藕、裹烧茭白、馄饨鸭子、臭鳜鱼。

(6)风味小吃

金丝蜜枣、喜庆粉糕、寿桃米等。

8. 浙菜

浙江菜,简称浙菜,是我国八大菜系之一。

(1)历史

南宋建都杭州,浙菜在"南食"中占主要地位。被称为中华民族第二次迁移的宋室南渡,对进一步推动以杭州为中心的南方菜肴的创新与发展起到了很大作用。北方大批名厨云集杭城,使杭菜和浙菜系从萌芽状态进入发展状态,浙菜从此立于全国菜系之列。

(2)特点

首先,在选料上要求"细、特、鲜、嫩"。即:

一是选料精细,取物料精细部分使菜品达到高雅上乘。

二是用特产,菜肴具有明显地方特色。

三是讲求鲜活,菜品味道纯真。

四是追求鲜嫩,菜肴清鲜爽脆。

其次,烹调方法上以南菜北烹为见长,口味上以清鲜脆嫩为特色。

杭州菜制作精细,变化多,以爆、炒、烩、炸为主;宁波菜鲜咸合一,以蒸、烤、炖为见长,讲究鲜嫩软滑,注重保持原味;绍兴菜擅长烹制河鲜,入口香酥绵糯,汤鲜味浓,富有乡土气息。

常有的烹饪手法有如下六种。

炒:滑炒见长,要求快速成菜,成品质地滑嫩,薄油轻芡,清爽鲜美不腻;

炸:外松而里嫩,力求嫩滑醇鲜,火候恰到好处,以包裹炸、卷炸见长;

烩:烩的技法所制作的菜肴,汤菜荣获如愿了鲜嫩,汤汁浓醇;

溜:溜的技法所制作的菜品讲究火候,注重配料,主料多需鲜嫩腴美之品,突出原料的鲜美纯真之味；

蒸：讲究配料和烹制火候，主料作到鲜嫩腴美；

烧：烧的技法所烹制的菜品，更以火工见长，原料要求焖酥入味，浓香适口。

第三，形态讲究精巧细腻，清秀雅丽。许多菜肴都富有美丽的传说，文化色彩浓郁是浙江菜一大特色。

(3) 味型

口味注重清鲜脆嫩，保持原料的本色和真味。

首先，要熟处理。

其次，需用葱、姜、蒜、绍酒、醋等调味品，达到去腥、膻，增香的功效，驱逐原料的不良之味，增加原料的香味。

所以，适当的使用配料来调味，还应能保护原料本身的好的味。

(4) 派别

由杭州、宁波、绍兴、温州四个地方菜组成，其中以杭州菜为代表。

杭州菜以爆、炒、烩、炸为主，工艺精细，清鲜爽脆。杭州菜制作精细，品种多样，清鲜爽脆，淡雅典丽，是浙菜的主流。

宁波菜以"鲜咸合一"，蒸、烤、炖制海味见长，讲究嫩、软、滑。注重保持原汁原味，色泽较浓。

绍兴菜富有江南水乡风味，作料以鱼虾河鲜和鸡鸭家禽、豆类、笋类为主，讲究香酥绵糯、原汤原汁，轻油忌辣，汁浓味重。其烹调常用鲜料配腌腊食品同蒸或炖，切多用绍酒烹制，故香味浓烈。

温州古称"瓯"，地处浙南沿海，当地的语言、风俗和饮食方面，都自成一体，别具一格，素以"东瓯名镇"著称。温州菜也称"瓯菜"，瓯菜则以海鲜入馔为主，口味清鲜，淡而不薄，烹调讲究"二轻一重"，即轻油、轻芡、重刀工。

（5）代表菜

表 5.8 浙菜代表作

菜品名	特色与烹饪
宋嫂鱼羹	原料：鳜鱼、醋、糖。 制作：鳜鱼在水中煮，剔骨后将鱼肉放回原汤中加少许酱油、糖和较多的醋，不加油制作。
西湖醋鱼	原料：鲤鱼、醋。 制作：先将草鱼放在水池中饿养两天，使其排除泥土味，鱼经宰杀，刀工处理，水煮后捞出加调料而成。 特色：不用油，只用白开水加调料，鱼肉以断生为度，讲究食其鲜嫩和本味。技术标准要求很高。这种烹调方法全国名菜中绝无仅有。
白鲞扣鸡	原料：鸡、白鲞（咸味黄鱼干品）。 制作：把鸡与白鲞同放一只碗中，不加油，蒸。 特色：其味芳香入味。
东坡肉	原料：带皮猪五花肉、葱、姜块、白糖、绍酒、酱油。 制作：刮洗干净带皮猪五花肉，切成 75 克重的正方块，放入水锅内焯透捞出；取一大沙锅，用竹箅子垫底，铺上葱、姜块，再放上猪肉，加入白糖，绍酒酱油，加盖密封，烧开后，用微火焖 2 小时，焖至酥烂，撇去浮油，皮朝上装入陶罐内，盖上盖，上屉蒸 30 分钟至酥透即可。 特色：油润柔糯，味美异常，公推为杭州第一名菜。
西湖莼菜汤	原料：杭州西湖特产的莼菜与熟鸡脯肉丝、熟火腿丝、高级清汤、精盐、味精、熟鸡油。 制作：莼菜与熟鸡脯肉丝、熟火腿丝，加上高级清汤、精盐、味精、熟鸡油氽制。 特色：色彩谐和，汤莼味美，莼菜鲜嫩润滑，脍炙人口，突出了地方风味特点。
干炸响铃	原料：泗乡特产的豆腐皮（被誉为"金衣"，由上等黄豆、优质水源经 18 道工艺精制而成）、馅（猪里脊、精盐、味精、绍酒）、菜油、葱段、甜面酱、花椒盐佐食。 制作：豆腐皮切成正方形，卷上用猪里脊、精盐、味精、绍酒和成的馅；再切成 3.5 厘米的段，放入五成热的菜油中炸至松脆捞出，装入盘内，配葱段、甜面酱、花椒盐佐食。 特色：色泽黄亮，食时脆如响铃而名，为杭州特色风味名菜。
油焖春笋	原料：嫩春笋、花椒油、酱油、白糖、味精、鲜汤、香油。 制作：选用清明前后出土的嫩春笋，顺长剖开，拍松，切成 5 厘米长的段，用花椒油煸炒后，加入酱油、白糖、味精和鲜汤，烧开后改用小火焖至汤汁稠浓，淋上香油即成。 特色：油重、糖重，色泽红亮，口味偏甜，浙江传统风味菜。
叫化童鸡	原料：1.5 千克左右重的嫩母鸡、卤汁、猪网油、荷叶、花椒盐、辣酱油。 制作：将鸡宰杀褪洗干净后，肋开取出内脏，用卤汁（山柰、八角、酱油、绍酒、白糖、精盐、味精、葱段、姜丝）腌制，逐层包上猪网油、荷叶、玻璃纸，用细麻绳扎好。和好的酒坛泥（和泥加料酒、精盐）再包上最外面，放入烤箱内烘烤 3 至 4 小时，去泥包，蘸花椒盐、辣酱油佐食。 特色：滋味鲜美异常，为杭州的传统名菜。

续表

菜品名	特色与烹饪
龙井虾仁	原料:清明节前的西湖龙井新茶、时鲜的河虾、蛋清、精盐、湿淀粉、绍酒。 制作:将河虾洗净,挤出虾仁,用蛋清、精盐、湿淀粉浆好;取龙井新茶10克,用沸水50克沏泡10分钟;浆好的虾仁用四成热的大油滑熟,再烹上茶叶、茶汁、绍酒翻炒即可。 特色:肉嫩鲜美,营养丰富,且有补肾、壮阳、解毒之功效。色如白玉翡翠,透出诱人的清香,食之嫩滑鲜美,是一道具有浓厚地方风味的杭州名菜。
荷叶粉蒸肉	原料:带皮的猪肋条肉、甜面酱、酱油、白糖、绍酒、葱丝、姜丝、米粉、烫过的荷叶等。 制作:将带皮的猪肋条肉切成长方条,要求长6厘米、宽2厘米。每片中间顺长切一刀口,用甜面酱、酱油、白糖、绍酒、葱丝、姜丝拌和腌渍后,滚上一层米粉,刀口中间也夹上米粉,再包上烫过的荷叶,上屉蒸2小时即可。 特色:肉质酥糯,清香不腻,为夏季佐酒下饭美肴。
干菜焖肉	原料:霉干菜(用芥菜腌制晒干而成,绍兴土特产)、米粉、烫过的荷叶。 制作:干菜焖肉,再包上烫过的荷叶。 特色:猪肉枣红、干菜油黑,鲜香油润,酥糯不腻,咸鲜中略带甜味,富有绍兴田园风味,周恩来总理生前爱吃这道特色菜。 嘉兴过去盛产大闸蟹,除小吃店摊外,酒楼饭店不出售整只湖蟹,而历来用蟹粉(即湖蟹的肉)烹制菜肴。浙南重镇温州,讲究用汤,"三片敲虾"、"三丝敲鱼"均用高级吊汤。此外,杭州的泥烤菜"叫化童鸡",用茶菜作配料的"龙井虾仁"等等,都是独特的烹调技术。

(6)名店、名品

浙菜还有很多著名菜品:蜜汁火方、宁氏鳝丝、宋嫂鱼羹、双味蛸蠓、火踵鱼翅、西湖醋鱼、奉化芋艿头、东坡肉、糟溜虾仁、干菜焖肉、绍虾球、头肚须鱼、鉴湖鱼味、清蒸桂鱼、雪菜大汤黄鱼、苔菜拖黄鱼、木鱼大烤、冰糖甲鱼、锅烧鳗、溜黄青蟹、宁波烧鹅、龙井虾仁、油焖春笋、排南、西湖莼菜汤等。

9.法国菜

法国菜是世界三大美食之一,追求菜肴以及用餐服务品质。

烹饪材料是新鲜的季节性材料,加上厨师个人的独特的调理,完成独一无二的艺术佳肴极品,无论视觉上、嗅觉上、味觉上、触感还是交感神经上,都是无与伦比的境界;在食物的品质服务水准、用餐气氛上,更要求精致化的整体表现。

(1)历史

法国在地理环境上得天独厚,盛产各式食物与美酒,法国菜的文化源远流长。

第一个将意大利菜和法国菜相结合的,是16世纪意大利公主Catherine。相传她嫁给法兰西国王亨利二世时,带了30位厨师前往。把意大利文艺复兴时期盛行的牛肝脏、黑菌、嫩牛排、奶酪等烹饪方法带到法国。

第一个在全国范围内激发了美食热潮是法国皇帝路易十四。他发起了烹饪比赛，即现今流行的 Corden Bleu 奖。贵族们以重金鼓励厨师创新口味。

奠定古典法国菜式的基础的是安东尼·凯莱梅。他曾任英皇乔治四世和帝俄沙皇亚历山大一世首席厨师。他写了一本饮食大字典——Dictionary of Cuisine，总结了古典式法国菜的特色。

法国人对于美味的佳肴的讲究，不亚于中国人。全世界的美食家因此而蜂拥前往法国享受美食。这也是法国烹饪成为一门艺术的原因。

(2) 特点

首先是选料广泛、讲究。

一般来说，西餐在选料上的局限性较大，而法式菜的选料却很广泛，常选用稀有的名贵原料，如蜗牛、青蛙、鹅肝、黑菌、洋百合、椰树芯等皆可入菜。而且在选料上很精细，如蜗牛和蛙腿做成的菜，是法国菜中的名品。

还喜欢用各种野味，如鸽子、鹌鹑、斑鸠、鹿、野兔等。

由于选料广泛，品种就能按季节及时更换，因而使就餐者对菜肴始终保持着新鲜感。

其次，讲究菜的鲜嫩。

法式菜要求菜肴水分充足，质地鲜嫩，如牛排一般只要求三四成熟，烤牛肉、烤羊腿只须七八成熟，而牡蛎一类大都生吃。

第三，讲究原汁原味。法式菜非常重视沙司的制作，一般由专业的厨师制作，而且什么菜用什么沙司，也很讲究，如做牛肉菜肴用牛骨汤汁；做鱼类菜肴用鱼骨汤汁。有些汤汁要煮 8 个小时以上，使菜肴具有原汁原味的特点。

第四，用酒调味。法国是世界上引以为傲的葡萄酒、香槟和白兰地的产地之一。香槟酒、红白葡萄酒、雪利酒、朗姆酒、白兰地等，是做菜常用的酒类。讲究做什么菜用什么酒，用量也很大，以至很多法式菜都带有酒香气。

第五，餐桌摆设、用餐礼仪以及不同餐具的用法，在法国餐饮文化中也占有重要的地位。

(3) 味型

整体而言，口味偏于清淡。

用酒调味。讲究做什么菜用什么酒，用量也很大，以至很多法式菜都带有酒香气。

(4)派别

有两种分类方法。

按烹调风格而言,法国菜肴可分为三大主流派系。

1. 古典法国菜派系(Classic Cuisine/Haute Cuisine)

皇亲贵族流行的菜肴,主厨手艺精湛,选料必须是品质最好的,常用食材包括龙虾、蚝、肉排和香槟,多以酒及面粉为汁酱基础,再经过浓缩而成,口感丰富浓郁,多以牛油或淇淋润饰调稠。

起源自法国大革命前,后来经由艾斯奥菲区分类别。

2. 家常法国菜派系(Bourgeoise Cuisine)

在1950~1970年间最为流行。起源自法国历代平民传统烹调方式,选料新鲜,做法简单,是家庭式的菜肴。

3. 新派法国菜派系(Nouvelle Cuisine)

由保罗布谷斯(Paul Bocuse)倡导,在1973年以后极为流行。新派菜系在烹调上使用名贵材料,着重原汁原味、材料新鲜等特色,菜式多以瓷碟个别盛载(Plated),口味调配得清淡。在20世纪90年代后,人们注重健康,由Michael Guerard倡导的健康法国菜(Minceur Cuisine)大行其道,采用简单直接的烹调方法,减少使用油;而汁酱多用原肉汁调制,以乳酪代替淇淋调稠汁液。

鉴于历史、地理环境和地方物产有别,造就出各地区烹调的独有风格,依其菜系特色和地理分布,可分为四大流派:

1. 布根地菜肴(Burgundy)

盛产红、白葡萄酒,其他著名产品有田螺及鸡。驰名菜肴包括局田螺(Escargots a la Bourguigonne)及红酒鸡(Coq au Vin)等。

2. 阿尔萨斯菜肴(Alsace)

盛产白葡萄酒、桃红酒,世界著名的鹅肝(Foie Gras)也来自此地区。驰名菜肴有罗伦士塔(Cuiche Lorraine)。

3. 诺曼底菜肴(Normandy)

盛产海鲜、干酪(Canenbert)、奶油及苹果、苹果白兰地(Calvados)。驰名菜肴有暖苹果塔配雪葩(Torte Fine aux Pommes et Sorbet)。

4. 普罗旺斯菜肴(Provence)

出产全国最好的橄榄油、海鲜、番茄及香料等。驰名菜式有海鲜汤(La bowrride du pecheur a la provencal)等。

(5)代表菜

表5.9　　　　　　　　　　　　　　　法国菜代表作

菜品名	特色与烹饪
柳橙法国鹅肝酱	原料:法国新鲜鹅肝、盐、胡椒、白兰地酒、什锦香料、柳橙、橄榄油、苹果醋。 制作:肝适当地调味,什锦香料、白兰地酒,腌8小时、慢火隔水烤约60~80分钟。取出鹅肝,待冷却切片置于盘内,柳橙一个,取部分果肉装盘,柳橙汁拌橄榄油、苹果醋,淋于冷鹅肝周围即可。
鹅肝酱煎鲜贝	原料:法国鹅肝酱3片,鲜干贝6粒,芦笋6支,洋葱100克,红萝卜30克,洋葱20克(切片加盐炒热,绞成泥酱)。 制作:鲜贝略泡水,即泡冰水急速冷却,加入葱姜盐酒,再煎至两面黄芦笋取花蕊部分,以盐水烫熟,作盘饰;取出鹅肝酱,略煎,置于鲜贝上,加酱汁即可上桌。 特点:透过巧妙的组合,材料与手艺搭配,呈现出高雅的菜相,入口即化。
洋葱汤	原料:牛筋1斤、洋葱半斤。辅料:红萝卜半条、芹菜1棵、红葱酥适量;配料:胡椒少许、红酒适量、高汤适量 做法:洋葱切丝后油炸备用,将所有材料(除洋葱丝外)加两碗清水熬高汤;过滤成的纯高汤倒回锅中,加入炸过的洋葱丝,再加入白浓汤煮沸。煮沸后的浓汤盛入汤盘即食。
菜品名	特色与烹饪
法式烩土豆	原料:土豆1斤、洋葱40克、黄油25克、蒜少许、浓蔬菜汤125克、香叶2片、盐胡椒面、植物油、白葡萄酒、切碎的芹菜少许。 制作:1.土豆去皮后切成丁,洋葱去皮切碎。蒜去皮拍碎。 2.用厚底铝锅烧融黄油,再把葱和蒜下锅,洋葱炒至呈透明状,把土豆丁加入搅拌几分钟。 3.土豆丁炒到全部挂上油后,加入蔬菜汤、香叶,少许盐、胡椒面、味精、搅拌均匀。要不停地搅拌,勿使其糊底。沸腾45分钟,到土豆熟时(少司也变稠了),放些植物油和酒,混合好即可,装盘时撒上一些芹菜末。 特点:味道鲜美,软嫩适口。
草莓黄瓜	原料:黄瓜500克,草莓200克,白糖100克,白醋5克。精盐、味精、清水各适量。 制作:1.黄瓜用清水洗净,切去两头,再切成"梳子背"块形,放入小盆内,加精盐腌10分钟,捞出,凉水中稍漂洗,轻轻挤干水分,盛盘内。 2.将白糖用凉开水溶化,把草莓去蒂,洗净,控干,碾碎,淋入糖水、白醋,加味精拌匀,入冰箱冷冻后。取出,浇在黄瓜块上,即成。 特点:清凉脆鲜,酸甜可口。
海鲜酥皮忌廉汁	原料:芝士、酸忌廉、南美鱼沙律、三文鱼、青椒。 制作:用柔柔滑滑的芝士加上开胃的酸忌廉做成的鲜焗土豆皮,配合南美特制鱼沙律、鲜嫩的三文鱼,再加上油绿的青椒、法式洋葱汤。 特点:酸酸甜甜,醒胃可口。

(6)法国菜用餐礼仪

礼节,是法式大餐不可分割的一个部分。大家需要注意:

(1)酒:基本上是红酒配红肉,白酒配白肉,甜品多数会配甜餐酒。

(2)餐巾:用餐巾的一角轻轻印去嘴上或手指上的油渍,切忌用餐巾用大力擦。

(3)餐中饮料:假如吃过一道主菜,吃完第一道(通常是海鲜)之后,侍应会送上一杯雪葩,用果汁或香槟造,除了让口腔清爽之外,更有助增进你食下一道菜的食欲。

(4)坐姿:不要靠在椅背上面。进食前,坐姿都应该保持正直。进食时身体可略向前靠,两臂应紧贴身体,以免撞到邻座。

(5)刀叉:吃法国菜同吃西餐一样,用刀叉时记住由最外边的餐具开始,由外到内。吃完每碟菜之后,将刀叉四围放,又或者打交叉乱放,非常难看。正确方法是将刀叉并排放在碟上,叉齿朝上。

10. 美国菜

美国盛产水果,美式菜的沙拉、热菜中水果用得很多,例如用香蕉、苹果、梨、橘子等做沙拉最为普遍。又如菠萝焗火腿、苹果烤火鸡、炸香蕉等。

(1)历史

美国是典型的移民国家。自从哥伦布1492年发现美洲大陆后,欧洲的一些国家就开始不断向北美移民。之后,世界各地的移民逐步到来。这些移民把原居住地的生活习惯、烹调技艺等等带到了美国,所以美国菜可称得上是东西交汇、南北合流。

但由于其中大部分居民都是英国人,且到了17世纪和18世纪后期,美国受英国统治,所以英式文化在这里占统治地位。现在,大部分的美国人是英国移民的后裔,美国菜也主要是在英国菜的基础上发展而来的,另外又揉合了印第安人及法、意、德等国家的烹饪精华,兼收并蓄,形成了自己的独特风格。

(2)特点

做法较简单,口味不错,热量高。

(3)味型

没有特殊味型。

(4)派别

美国菜的派系不外乎受到移民聚集、地理位置、历史等因素影响。美国西部有丰富的太平洋海鲜及各种河鲜,还有全美质量最新鲜、品种最繁多的蔬菜水果,有著名的加州菜(CaliforniaCcuisine)及具有亚洲菜特色的融和菜(Asian Fusion Cuisine);南部有墨西哥特色的德州菜(TexMex Cuisine),具有法国、西班牙、非洲特色的留易斯安那菜(Louisiana Cuisine);中西部有德国、荷兰及北欧特色的芝加哥菜、宾州菜(Midwestern Cuisine);东部有英国、法国、爱尔兰特色的新英格兰菜(New England Cuisine)及纽约菜(New York Cuisine),还有大洋洲东部岛屿、菲律宾、葡萄牙及日本特色的夏威夷菜(Hawaii – Polynesian)等。

(5)代表菜

表5.10.1　　　　　　　　　　美国菜代表作

菜品名	特色与烹饪
香煎牛肉扒	原料:主料为牛里脊嫩肉;辅料:胡萝卜、西芹、野山椒;调料:红葡萄酒、沙茶酱、花生酱、辣酱油、水淀粉、白胡椒粉、咖喱油、高汤、蒜末、葱末、鸡精。 操作:1.将牛里脊肉拍松切成十字;用盐、葡萄油腌制;胡萝卜、西芹、野山椒切成黄豆大小;2.制香汁:坐锅点火放入油点火,油温四成热时,放入蒜末、葱末炒香,倒入胡萝卜丁、西芹丁、野山椒丁、炒出香味,加入沙茶酱、花生酱、炒匀倒入高汤、盐、辣酱油,淋入咖喱油倒入碗中待用;3.坐煎锅倒入油热至五成时,放入腌制好的牛肉扒煎至两面上色,烹入酒、香汁烧至入味略匀薄芡即可。 特色:香鲜微辣,口味宜人。对增长肌肉、增强力量特别有效。
芝士烤面片	原料:主料:面粉、鸡蛋;辅料:西红柿、草菇、牛肉末、奶酪丝、洋葱、黄油、青红椒;调料:鸡精、红葡萄酒、番茄沙司。 操作:1.鸡蛋加面粉、盐和成面挤,擀成大片切成菱形;2.西红柿、草菇、洋葱、青红椒切碎粒,做开水锅将面片煮熟备用;3.炒化黄油,加牛肉末煸炒,烹少许葡萄酒,加番茄沙司,再放西红柿、草菇粒、青红椒粒、洋葱末和煮好的面片翻炒片刻即可出锅;4.炒好的面片上洒奶酪丝用烤箱大火(200度)烤两分钟即可。 特色:脆、香,吃全麦食品是健康、减肥的新潮流。
椒盐牛仔骨	原料:美国带骨牛小排(含1根肋骨)450公克、柠檬1个、甜豆3荚、玉米笋3支、胡萝卜3片、椒盐1小匙。 操作:将牛小排直接放入预热的烤箱内,以200度的温度烤20分钟取出,放入盘中,周围配上蔬菜,食用时撒些椒盐及柠檬汁。 特色:脆、有嚼劲。含有丰富均衡的血质铁及蛋白质和维生素B群,还有锌及磷等多种人体必须氨基酸。
煎红酒丁骨牛排	原料:美国丁骨牛排一块400公克、红葡萄酒1/2杯;调味料:橄榄油1大匙、胡椒适量、黄奶油少许。 操作:1.丁骨牛排先适当的调味;2.平底锅加热将丁骨牛排煎至喜欢的生熟度后,取出并置于主菜盘内;3.锅内炒洋葱、培根丝,软化后倒进红葡萄酒;4.酒精成分蒸发后加进少许黄奶油,调成肉汁,并适当的调味,使用时淋于丁骨牛排上即可。 特色:酒香开胃,对增长肌肉、增强力量特别有效。
香草美国牛扒	原料:美国牛扒(肉眼、西冷或T骨)1件250克,意大利青瓜、干笋各适量,蕃茜1茶匙,植物牛油2汤匙;蒜盐、黑椒粉各少许。 操作:1.美国牛扒用调味腌匀,待用;2.意大利青瓜、干笋切片,煮熟拌碟(可酌量加入少许植物牛油、盐拌匀);3.将美国牛扒用平底锅煎至所需熟度放上碟;4.蕃茜碎加入植物牛油中拌匀,雪至凝固,切成小块,放上已煎好的美国牛扒面,即可供食。 特色:牛肉自身的鲜嫩、多汁,诱人。

第五章　餐饮文化

(6) 名店、名品

在全世界，美国餐饮最有名的恐怕就是三剑客：肯德基、麦当劳、必胜客等连锁餐厅。其品牌号召力之大，不敢说中国城乡都家喻户晓，至少在城市里孩子们对于其产品是非常了解的。请看下表：

表 5.10.2　　　　　　　　　　美国著名连锁快餐食品

名称	产品	原产地
肯德基	肯塔基烤鸡（以及派生产品）	美国肯塔基州
麦当劳	汉堡包（以及派生产品）	德国汉堡
必胜客	比萨（以及派生产品）	意大利

如果不算 KFC 它们，那比较好的美国菜馆，多在上海，如唐朝酒店（金桥店）、玛利亚西餐厅（南新雅大酒店），红房子西菜馆、玛利亚西餐厅（南新雅大酒店）等。

11. 意大利菜

美食家的民族，典雅、高贵且浓重朴实、追求品质的民族。这就是意大利民族！他们在饮食方面有着悠久历史，总是喜欢精心制作，就如同他们对艺术、时装和汽车一样。意大利美食讲究原汁原味。意大利菜系非常丰富，菜品成千上万，除了大家耳熟能详的比萨饼和意大利粉，它的海鲜和甜品都闻名遐迩。

意大利菜是西餐之母。意大利文化，包括精心烹制、源远流长的意大利餐，对欧美国家的餐饮文化产生了深厚影响，法餐、美国餐等在内的多种派系都继承了意大利菜的精髓，并加以变化而成。所以意大利餐有"西餐之母"之美称。

(1) 历史

意大利的菜肴源自古罗马帝国宫廷，有着浓郁的文艺复兴时代佛罗伦萨的膳食情韵，素称"欧洲大陆烹调之母"，在世界上享有很高的声誉。意大利菜多以海鲜作主料，辅以牛、羊、猪、鱼、鸡、鸭、番茄、黄瓜、萝卜、青椒、大头菜、香葱烹成。制法常用煎、炒、炸、煮、红烩或红焖，喜加蒜茸和干辣椒，略带小辣，火候一般是六七成熟，重视牙齿的感受，以略硬而有弹性为美，形成醇浓、香鲜、断生、原汁、微辣、硬韧的 12 字特色。

意大利人对西餐文化贡献颇多！

首先，是帮助创造了法国菜。

公元 1533 年，意大利公主凯瑟琳·狄·麦迪奇下嫁法国王储亨利二世时，带了 30 位厨师前往，将新的食物与烹饪方法引介至法国。法国人则将两国烹饪上的优点加以融合,并逐步将其发扬光大,创造出当今最负盛名的西餐代表——"法国菜"。

其次,意大利人发明餐用叉子,为西餐餐桌文化确立标准。与此相对照的是,中餐等东亚饮食文化,使用筷子。

(2)特点

概括起来说,意大利饮食烹调崇尚自然、质朴,形成了"醇浓、香鲜、断生、原汁、微辣、硬韧"的12字特色。

第一,意大利菜注重原汁原味,讲究火候的运用

意大利菜肴最为注重原料的本质、本色,成品力求保持原汁原味。在烹煮过程中非常喜欢用蒜、葱、西红柿酱、干酪,讲究制作沙司。烹调方法以炒、煎、烤、红烩、红焖等居多。通常将主要材料或裹或腌,或煎或烤,再与配料一起烹煮,从而使菜肴的口味异常出色,缔造出层次分明的多重口感。意大利菜肴对火候极为讲究,很多菜肴要求烹制成六七成熟,而有的则要求鲜嫩带血,例如:罗马式炸鸡、安格斯嫩牛扒。米饭、面条和通心粉则要求有一定硬度。

第二,巧妙利用食材的自然风味,烹制美馔

烹制意大利菜,总是少不了橄榄油、黑橄榄、干白酪、香料、西红柿与Marsala酒。这六种食材是意大利菜肴调理上的灵魂,也代表了意大利当地所盛产与充分利用的食用原料,因此意大利菜肴能无出其右地被称为"道地与传统"。最常用的蔬菜有西红柿、白菜、胡萝卜、龙须菜、莴苣、土豆等。配菜广泛使用大米,配以肉、牡蛎、乌贼、田鸡、蘑菇等。意大利人对肉类的制作及加工非常讲究,如风干牛肉(Drybeef)、风干火腿(Parmaham)、意大利腊肠、波伦亚香肠、腊腿等,这些冷肉制品非常适合于开胃菜和下酒佐食,享誉全世界。

第三,以米面做菜,花样繁多,口味丰富

意大利人善做面、饭类制品,几乎每餐必做,而且品种多样,风味各异。著名的有意大利面、匹萨饼等。具有不同形状和颜色的意大利面,斜状的是为了让酱汁进入面管中,而有条纹状的粉令酱汁留在面条表层上,颜色则代表了面条加添不同的营养素。红色面是在制面的过程中,在面中混入红甜椒或甜椒根,黄色面是混入番红花蕊或南瓜,绿色面是混入菠菜,黑色面堪称最具视觉冲击力,用的是墨鱼的墨汁,所有颜色皆来自自然食材,而不是色素。面条口味则以三种基本酱汁为主导,分别是以西红柿为底的酱汁,以鲜奶油为底的酱汁和以橄榄油为底的酱汁。这些酱汁还能搭配上海鲜、牛肉、蔬菜,或者单纯配上香料,变化成各种

不同的口味。

第四，区域差异，造就地方美食

(3) 味型

醇浓、香鲜。

(4) 派别

意大利半岛形如长靴，南北气候、风土差异很大，各个地方城邑因长期独立发展，逐渐产生独特的地方菜系。地方菜按烹调方式不同而分成四个派系：北意大利菜系、中意大利菜系、南意大利菜系和小岛菜系。

北意菜系：面食的主要材料是面粉和鸡蛋，尤以宽面条以及千层面最著名。此外，北部盛产中长稻米，适合烹调意式多梭饭和米兰式利梭多饭，喜欢采用牛油烹调食物。

中意菜系：以多斯尼加和拉齐奥两个地方为代表，特产多斯尼加牛肉、朝鲜蓟和柏高连奴芝士。

南意菜系：特产包括榛子、日乾番茄、莫撒里拿芝士、佛手柑油和宝仙尼菌。面食主要材料是硬麦粉、盐和水，其中包括通心粉、意大利粉和车轮粉等，更喜欢用橄榄油烹调食物，善于利用香草、香料和海鲜入菜。

小岛菜系：以西西里亚为代表，深受阿拉伯影响，食风有别于意大利的其他地区，仍然以海鲜、蔬菜以及各类干面食为主，特产盐渍干鱼籽和血柑桔。

(5) 代表菜

表 5.11 意大利菜代表作

菜品名	特色与烹饪
小牛肉片	原料：米兰特产小牛肉、芹菜、洋葱、月桂叶、白酒、美乃滋酱。 制作：小牛肉，以芹菜、洋葱、月桂叶等辛香料加白酒煮至软，放凉后切薄片，淋上以鱿鱼、鱼泥（皆为意国代表鱼种），打成的美乃滋酱。 特色：松软、香。
鲜肉盘	原料：生牛肉薄片、蒜味橄榄油、盐、胡椒、柠檬汁、起司。也可使用生鱼片。 制作：以生牛肉薄片/生鱼片，配蒜味橄榄油、盐、胡椒、柠檬汁、起司食用。 特色：牛/鱼肉的原味被保留。
意式馄饨汤	原料：绞肉、起司、火腿、蔬菜等。 制作：煮成肉汤食用。 特色：像小型馄饨的意大利面，肉汤浓厚。

续表

菜品名	特色与烹饪
沙拉	原料:意国生菜、节瓜、甜椒、小章鱼、甲鱼、松子、缘花菜、特级橄榄油、葡萄酒醋、盐、胡椒、柠檬汁。 制作:将各类意国盛产的蔬菜加特级橄榄油、葡萄酒醋、盐、胡椒、顶多柠檬汁拌拌即可。 特色:原汁原味,开胃。
正宗意大利面	原料:面、肉酱汁(北部)/奶油蛋汁酱(中部) 制作:用最正宗的面(圆圆细长的)。在北部配肉酱汁(以番茄拌炒鹅肝或熏肉而成)食用。在中部配奶油蛋汁酱(以起司与培根腌肉炒拌,再加蛋黄,古味则松子酱,以松子、九层塔、大蒜、橄榄油及盐胡椒搅碎而成)食用。 特色:劲道、酱汁香浓。
意大利炒饭	原料:圆米、海鲜、洋菇、青豆、起司。 制作:将圆米、海鲜、洋菇、青豆、起司墩煮而成,放凉了食用。 特色:粘、糯、软、香。
面疙瘩	原料:煮熟的洋芋或南瓜、稞麦、面粉。 制作:以煮熟的洋芋或南瓜、稞麦等与面粉混合揉制成,再塑成小块,吃法比照意大利面。 特色:酱汁的味道起决定性作用。
米兰小牛胫肉	原料:小牛胫骨、白酒、番茄、香料。 制作:小牛胫骨切成环状,以白酒、番茄、香料久炖而成。 特色:骨髓是其精华,极富于影响,是米兰的招牌菜。
火腿起司牛排	原料:火腿、起司、牛肉、橄榄油。 制作:用橄榄油,是肉质滑嫩。将火腿、起司、牛肉煎好。 特色:重点煎好是即吃,不加其他酱汁。
红炖白豆牛肚	原料:白豆、番茄、牛肚。 制作:以特产白豆加番茄炖牛肚。 特色:中部名菜。
蔬菜烤鹌鹑及香料烤羊排	原料:青菜、鹌鹑、羊、香料。 制作:先以多种香料腌泡多时,再烩再烤,不沾酱汁就鲜香甘嫩。 特色:前者是夏季打猎才做的季节料理,后者是本地食客的新欢。
茄汁鲈鱼	原料:鲈鱼、茄汁。 制作:用炖煮的,再淋上茄汁即可。 特色:都是原味。
提拉米舒	原料:长形指状的饼干、咖啡汁、牛奶、酱料(以咖啡汁、起司、巧克力、鲜奶油等打成)。 制作:拿长形指状的饼干用咖啡汁、牛奶浸泡;将酱料、饼干,以一层饼干、一层酱的形式叠成七层,冷藏后食用。 特色:干、脆、香、浓。

12. 俄罗斯菜

(1) 历史

俄罗斯横跨欧亚大陆，地域广阔，而人口却不足2亿，大部分居住在欧洲地区。

到了15世纪，莫斯科成为中央集权的国家首都，烹调文化已经比较发达了。

虽然俄罗斯大部分领土在亚洲，但是人口的绝大多数在欧洲。因此，在彼得大帝时代及其以后，俄罗斯民族的菜肴受到了西方饮食的强烈影响，并不足为奇。

18世纪末，当第一部独创的专业烹饪书籍《烹饪札记》（谢尔盖·特鲁柯甫夫编著，莫斯科1779年出版）在俄罗斯大地出现，激发了俄罗斯人民总结烹饪文化的热情。从此，大量有关烹饪的书籍相继问世，烹饪文化在俄罗斯开始走向大众化，俄罗斯民族的菜肴进入了新阶段。

之后，俄国在很多方面吸取其他国家和地区的饮食文化，特别是法国菜肴的长处，逐渐形成了极富俄罗斯民族特色的饮食文化。

(2) 特点

首先，俄罗斯菜油腻较大，口味重。

俄罗斯地处高纬度的亚欧大陆，气候寒冷，因此人们需要较多的热量。所以传统的俄式菜一般油性较大，口味也较浓重，而且酸、甜、咸、辣各味俱全。

其次，俄国饮食中肉类占有较大比例。

原因和第一点同，所以其烹调方法以烤、焖、煎、炸、熏等与肉类密切相关的烹饪手法见长。

第三，讲究小吃，擅做菜汤。

俄式小吃主要是指各种冷菜，其特点是生鲜，味酸咸，如鱼子酱、酸黄瓜、冷酸鱼等。俄式小吃品种之多花样之全，风味之独特，是其他国家无可比拟的。

第四，喜欢做菜汤。

菜汤是俄罗斯人每日膳食中必有的。用肉、鲜白菜、酸白菜及其他多种蔬菜和调料制成的菜汤。常见的菜汤有60多种，鱼汤的款式也很不少，其中莫斯科的红菜汤就颇具盛名。

(3) 味型

一般油性较大，口味也较浓重，而且酸、甜、咸、辣各味俱全。

(4) 派别

没有明显的流派之分。

(5)代表菜

表5.12　　　　　　　　　　　　俄罗斯菜代表作

菜品名	特色与烹饪
红菜汤	原料：俄罗斯特有的"绿皮红肉"的萝卜、奶酪。 制作：将萝卜去皮、切成丁。熬制时注意保持萝卜鲜味。喝时还要伴入奶酪。 特色：酸甜中带香。红菜汤是克里姆林宫举办的国宴菜单上永远是一个必列菜式，为斯大林、赫鲁晓夫等所钟爱。
黑鱼籽酱	原料：鱼子酱分为红鱼子酱和黑鱼子酱两种，黑色的产于鲟鱼，红色的产于鲑鱼，更珍贵的是黑鱼子酱。 制作：要避免高温烹调影响品质，鱼子酱一般生吃。尤其值得注意的是，鱼子酱切忌与气味浓重的辅料搭配食用。 特色：鱼子酱是俄罗斯的顶级美食。是俄罗斯菜的代表。
鲱鱼沙律	原料：深海鲱鱼。 制作：鲱鱼经过熏制或者腌制，然后才放入沙律里面。 特色：这是俄罗斯的一种家常的沙律。
俄式肉冻	原料：猪肉、鸡肉、鸭肉（连骨头）。 制作：用猪肉、鸡肉、鸭肉等连骨头一起炖汤，然后冷冻成糕，即可食用。 特色：是俄式西餐里特有的凉小菜，制作功夫最多。糕体晶莹，有点肥腻，但是香口而不上火，容易让人吃上瘾。
土豆蘑菇馅饺子	原料：蘑菇、土豆蓉、厚饺子皮、牛油。 制作：用蘑菇磨碎煲汤，煮土豆蓉，然后包到厚厚的饺子皮里面吃，吃的时候还要伴上牛油。 特色：材料简单得很，却出奇的软滑好吃。
俄罗斯沙拉	原料：土豆、鸡蛋、蘑菇、鲜洋葱、蛋黄酱、蔬菜（种类可任选）。 制作：只要把煮熟的土豆丁、熟鸡蛋碎、用沸水焯过的蘑菇丁、鲜洋葱丁等原料用蛋黄酱拌匀即可。蔬菜的种类可以根据自己的口味任意选择。 特色：土豆是必不可少的主料。
豌豆汤	原料：猪棒骨、猪肉块、土豆块、黄豆、盐、味精、胡椒粉。 制作：先用猪棒骨熬汤，然后用骨汤煮猪肉块、土豆块和黄豆，再用盐、味精和胡椒粉调味，简易版的豌豆汤就做好了。 特色：做法十分简便的家常菜。
罐焖牛肉	原料：红烧牛肉、土豆、胡萝卜、洋葱、芹菜、香叶等。 制作：家常的红烧牛肉中加入土豆、胡萝卜、洋葱、芹菜、香叶等配料，慢慢炖一小时左右即可。 特色：比较有特色的一道主菜，做法相对简单。
土豆炒蘑菇	原料：土豆条、油、蘑菇片、黄油、酸黄瓜、蔬菜沙拉。 制作：先用油炸土豆条，然后和蘑菇片一起用黄油炒，调味后即可装盘。吃的时候配上酸黄瓜和蔬菜沙拉，风味更佳。 特色：好吃、易学。

(6) 名店

北京:时光西餐吧、老莫、大笨象(罗斯店)等。

天津:起士林等。

哈尔滨:波特曼、华梅等。

(7) 用餐礼仪

第Ⅰ道:头盘

俄式大菜的第一道是头盘。头盘有冷热之分,包括鱼子酱、鹅肝酱、沙拉等许多品种,味道以咸、酸为主,目的是开胃。

俄罗斯沙拉是很常见的头盘。它是全素的蔬菜沙拉,外观朴实无华,口味清新自然,饭前食用,开胃效果极佳。

第Ⅱ道:汤

俄式大菜的第二道是汤,与中国人的饮食习惯极不相同。

汤大致可以分为清汤、奶油汤、蔬菜汤和冷汤4大类,其中大家最熟悉的是俄式罗宋汤,还有清汤里的豌豆汤和奶油汤里的杂拌汤味道都很棒。

第Ⅲ道:主菜

主菜多为俄罗斯人偏爱的肉饼、牛排、烤鸡等高脂肪的肉类食品所烹制。较为油腻,但味道香浓无比。能给高纬度严寒地区的俄罗斯人提供足够热量。

常见的配菜有酸黄瓜、西红柿、鲜柠檬等。配菜不仅使主菜的视觉效果更佳,而且有清口解腻的良好作用。

第Ⅳ道:蔬菜

蔬菜类的菜肴一般安排在主菜之后。有时也可与主菜一同上桌。

常见的蔬菜一般为蔬菜沙拉、煮过的圆白菜、芦笋等。炸土豆条和酸黄瓜也归入蔬菜一类。

蔬菜类菜肴有时会和肉食类的主菜摆在同一个盘子里,有时也会分开盛放。

第Ⅴ道:甜品

所有主菜和蔬菜之后的食物,比如布丁、煎饼、冰淇淋、奶酪、水果等,都可以在俄式西餐中算作甜品。

多数甜品有很浓的奶油香味,有的甚至略显甜腻。饮用咖啡或茶,可以有效解油腻。这样才算完整的一餐。

酒也是俄国菜不能分割的一部分,尤其是国酒伏特加,是佐餐必备品。

13. 阿拉伯菜

(1) 历史

到了阿拔斯王朝(750~1258年),文明的融合进一步加强。阿拉伯人这个概念,逐渐包括了帝国属下所有操阿拉伯语、信仰伊斯兰的各族人民。饮食文化也逐步融合。

中东地区临近欧亚,食材上结合东西方米、面文化,加上当地独特的大饼,多样选择教人眼花缭乱。

(2) 特点

【以烧烤为主】

阿拉伯地区的肉类烹制方法以烧烤为主,一定要拌着沙拉、酱料、皮塔饼一起才好吃。

【宗教决定食材】

阿拉伯地区的人们以牛、羊、鸡肉为主要的肉类食材。也同样出于宗教信仰的原因,他们觉得动物的血是肮脏的,不能食用,所以烹制肉类的时候一定要事先挤干血水。

【沙拉的调和】

因缺少肉汁而略为干硬,所以需要清爽多汁的沙拉来调和。

【腌制过的肉】

不过烤肉虽干,但是用大量独特香料腌制过,肉感十足之余还能充分带出肉香,而且没有膻味。

【手抓的取食方式】

同印度一样,阿拉伯人也经常以手取代餐具,东西拿了就吃,豪爽过瘾,这大概是因为经常食用大饼的缘故。洗好手,抛开文明的束缚,直接让手与食物做一次亲密的接触!

【混合搭配】

吃阿拉伯菜,分汤、冷头盘、热头盘、主菜和甜品几部分,不过大可不必拘泥于固定的顺序,按自己的喜好混合搭配着吃也可以。

(3) 味型

酸奶味道很强烈,酸味重、奶味浓。

第五章　餐饮文化

(4)代表菜

表 5.13　　　　　　　　　　　阿拉伯菜代表作

菜品名	特色与烹饪
印度长米	原料:盐、橄榄油、水、羊油、豆蔻、生米、燉菜、燉肉。 制作:将盐、橄榄油、水(也可加入羊油、豆蔻等香料)混匀,待水沸腾后再把生米放入,整锅放于瓦斯炉上煮熟,最常见的吃法是将燉菜或燉肉淋在饭上。 特色:米饭颜色偏黄,虽然添加了调味料,但味道清淡。
鹰嘴豆泥	原料:鹰嘴豆(藜豆)、小苏打、芝麻籽糊、柠檬汁、盐、橄榄油。 制作:先将生豆与小苏打浸泡,之后将豆子、芝麻籽糊、柠檬汁、盐打匀成糊状,最后淋上几滴橄榄油即可。 特色:是每一餐不可少的一道菜。冷藏后食用风味更佳。豆泥一直是食用大饼的最佳拍档,阿拉伯人的一天通常从这两样食物开始。
优格莞荽泥	原料:新鲜优格、蒜泥、盐、莞荽叶屑、酸奶油。 制作:以新鲜优格为主,加入蒜泥、盐、莞荽叶屑搅匀,成浓稠状。喜欢吃酸的人可考虑加入酸奶油。 特色:是乾热沙漠里非常开胃的一道菜,是大饼沾酱的必备品。
葡萄叶捲	原料:腌渍过的葡萄叶、米饭、肉片(已用盐、香料、胡椒、奶油、肉桂调味),蒸熟即可,最后再淋上新鲜柠檬汁。 制作:将腌渍过的葡萄叶摊开(有叶脉的那面朝上),放入米饭、肉片,蒸熟即可,最后再淋上新鲜柠檬汁。 特色:埃及著名的小菜,阿拉伯各国也经常食用。
鸡肉饭	原料:鸡肉/羊肉、豆蔻、番红花、花椰菜、高丽菜、洋葱。 制作:先将鸡肉加入香料(豆蔻、番红花等)炒熟,加入花椰菜、高丽菜、洋葱于饭中焖熟,鸡肉也可改成羊肉,也是食客的首选。 特色:是中东节庆宴会上必备的米食。
中东大饼(Khubz)	原料:入炉烘烤。 制作:刚出炉热腾腾的大饼并不适合上桌,商家将饼放凉,再装袋包装。也常将它切成丁状,油炸后放在沙拉上当配菜。 特色:颜色较深,很有嚼劲,是吃烤肉(Kabab)最佳的搭配。

(5) 名品

阿拉伯菜还有很多著名菜品：去骨烤春鸡、奶酪春卷、烤肉拼盘、薄荷酸奶、阿代斯汤、羊肉炒饭、腌辣椒、腌蚕豆、腌茄子。

14. 印度菜

印度菜(Indian cuisine)是结合药材和香料制作的朴实简单、作工精细的菜肴。

(1) 历史

印度居民多信仰印度教，还有伊斯兰教、基督教、锡克教和佛教。在饮食上一般以稻米、面食为主。印度菜的烹饪方法以烧、煮、烩、炸、炒为常见。在口味上尤喜食咖喱，嗜好酸辣，成菜汤宽，重油重色。咖喱类菜为其最大特色。

(2) 特点

【咖喱调味】

印度饮食的特色在于烹调时，以不同的香料混合做调味，此调味方法及著名的咖喱。相传，是释迦牟尼在印度咖喱村的山上修道时赖以果腹的植物食辛料，释迦牟尼经常带下山分给村民，而村民加以改良，结果大受欢迎，于是咖喱传遍全印度及南亚诸国。

【宗教影响餐饮】

其繁多的宗教及广大的领土上，人民因为不同的宗教、地区而有不同的传统饮食习惯和口味。

牛在印度是神圣的，因此印度人绝不吃牛肉；受伊斯兰教教义影响亦不食猪肉。常见肉食为羊肉、鸡肉及海鲜鱼虾等为主，以咖喱调味为共同特色。

【强调食材新鲜】

印度菜强调食材新鲜，香料更是现磨的，烹调各种辣度的咖喱，极富层次感；大量拌入椰浆和酸奶，以增加酱汁的浓度与香味，也是其特色之一。

(3) 味型

咖喱。

(4) 派别

人文地理的差异，印度南北的饮食习惯亦不同，印度菜可分为南北两大菜系。

【口味北淡南重】

北印度菜的口味以微辣为主，以咖喱为特色，菜色清爽。世界各国人民更容易接受北印度的口味。所以，世界各地的印度菜多是北印度菜。

南印度菜系，香料多用咖喱叶和芥末子，口味较重，以酸、咸、辣为主，原料多用椰子，菜式简单。

【主食北饼南米】

北印度以烤饼面食为主，南部以米食为主。

(5) 代表菜

表 5.14　　　　　　　　　印度菜代表作

菜品名	特色与烹饪
泊兰馕	原料：未发酵的面粉、调料。 制作：将未发酵的面粉和匀，放在烤炉中烤成的薄饼。 特色：是印度人的两大主食之一，味香且有嚼劲。
什锦咖喱鲜蔬	原料：菜花、土豆、豆角、胡萝卜等蔬菜、咖喱。 制作：将菜花、土豆、豆角、胡萝卜等蔬菜切成各种大小不等的块，放在一起清炒，最后放入咖喱进行调味。 特色：一道很典型的印度菜。
菠菜奶豆腐	原料：菠菜、奶豆腐、印度调料。 制作：将菠菜打成汁，和奶豆腐一起翻炒，相应加一些印度调料，可以根据点菜人的口味进行调整。 特色：微辣的口感，奶香浓郁，入口润滑。
孜然青豆米饭	原料：一种名叫 BASMATI 的米、豆油、孜然、青豆。 制作：先用豆油炒香孜然，再放青豆和米饭翻炒几下出锅。 特色：米和孜然香味都很浓，很容易引发人的食欲。
马萨拉咖喱鸡	原料：烤饼、烧鸡、咖喱和马萨拉调料。 制作："CHICKEN TIKKA"是一种印度传统烧鸡肉，在这种烧鸡肉里再加入咖喱和马萨拉调料。 特色：属于中辣，带有少许酸味，最适合用烤饼卷着吃。
印度炒面	原料：番茄酱、椒酱、马铃薯、炸豆干、豆芽、鸡蛋、鸡肉（可以虾仁、鱼板、鱿鱼等取代）、酸柑汁（可以柠檬汁或白醋取代）。 制作：想吃素的，可以只放蔬菜；不喜欢吃鸡肉的，可以虾仁、鱼板、鱿鱼等取代。若没有酸柑汁，可以柠檬汁或白醋取代。若喜欢吃口感比较硬一点的面条，在炒面的过程中，可以少放一点水；反之，则多一些。 特色：在调味料中，加入了番茄酱和辣椒酱，吃起来酸酸甜甜的。一定要趁热吃才好吃。

(6)名店、名品

印度还有很多美食,如坦肚喱、咖喱料理可马、干烧咖喱虾、咖喱鸡、玫瑰奶油茶、咖喱脆饺等。

【练习题】

> 请回家后,为父母做一餐饭。

第六章 民间工艺

民间工艺是大众的生活的民俗的艺术。是文化与经济的双重载体。我国主要民间工艺有：陶瓷、布艺、微雕、木艺、果核雕刻、刺绣、皮影、泥塑、毛绒、紫砂、蜡艺、文房四宝、铜艺、书画、装饰品、漆器等。

这些产品，都是游客珍爱的艺术品，也是旅游商品。

一、流派

1. 传统艺匠派

由于出现了买卖风筝的生意，专职风筝艺匠也就因此而生。在潍坊有不少知名画家也参与风筝的绘制乃至设计和制作，使潍坊风筝作品中出现了十分考究的精品。这些精品，一般人是玩不起也买不起的，而买这些风筝的人，往往提出高要求，向艺人订作，也促进了艺匠派风筝的发展和提高，使带有宫廷风筝庄重、华贵特点。传统的艺匠派对潍坊风筝事业发展，起到了良好促进作用，使潍坊风筝从一般玩具，上升为有价值的艺术品，成为潍坊当地文化的重要组成部分。

2. 现代创新派

近些年来，由于广大专业的美术工作者、科技人员、城镇居民踊跃参加风筝活动中，充分发挥了现代工艺、现代科学技术的技术优势，在秉承了传统风筝的基础上，创造出了现代风筝。现代风筝主要特点是新材料、新工艺的运用，明快、清新、巧妙，具有鲜明的时代性。

二、民间工艺种类

1. 按照原料分类

（1）金属类：金、银、铜、铁。

表 6.1　　　　　　　　　　以金属类原料制作工艺品

原料	工艺	备注
铁画	用铁片和铁线锻打焊接成的各种山水、花鸟画的形式，用成挂屏、挂灯。	亦称"铁花"。特种工艺品之一。相传系明末清初安徽芜湖铁匠汤鹏所创造，以后逐渐流传到北京、山东等地。
景泰蓝工艺品	用铜胎制成，当时以蓝釉为最出色，习惯称为"景泰蓝"。制作工序分：打胎、掐丝、点蓝、烧蓝、磨光、镀金等，其中最复杂细致的是掐丝和点蓝的技艺。	亦称"铜胎掐丝珐琅"。特种工艺品之一。一说早在唐代就有此种工艺制作；一说据故宫博物院最早的存品系创于明宣德（1426－1435）间，至景泰（1450－1456）间才广泛流行。清代以后，远销国外品种有瓶、碗、盘、烟草、台灯、糖罐、奖杯等工艺品品种。产于北京。

（2）石材类：玉石、金刚石、花岗岩等。

如花岗岩雕刻。

（3）植物类：草、藤、名贵木材、竹、玉米皮、根、米粒儿、核等。

表 6.2　　　　　　　　　　以植物类原料制作工艺品

原料	工艺	备注
草	是利用各地所产的草，就地取材，编成各种生活用品，如提篮、果盒和枕、席等。有的利用事先染有各种彩色的草，编织各种图案；有的则编好后加印装饰纹样。	民间广泛流行。主要品种有河北、河南、山东的麦草编工艺品，上海嘉定，广东高要、东莞的黄草编工艺品，浙江的金丝草编工艺品，湖南的龙须草编工艺品及台湾省的草席工艺品等。
竹	先将竹子剖削成粗细匀净的篾丝，经过切丝、刮纹、打光和劈culo等工序，编结成各种精巧的生活用品，如竹篮、果盒、屏风、门帘等。	主要产地有浙江东阳，福建泉州、古田，上海嘉定，四川自贡等。四川自贡艺人龚玉璋的扇子，称为"龚扇子"，所用篾丝，细如绢纱。
玉米皮	编织提篮、篓、筐、盒、门帘、门毯等各种生活用品，结实耐久。产品中以茶垫最为精美。	建国后北方新发展的一种工艺品。玉米皮质地柔韧玉米皮还可染色，能编出十字花、菱形花及文字等多种图案花样而形成的工艺品。主要产地山东。
杞柳条	亦称"红皮柳"，丛生灌木，枝条韧性强，适于编织各种生活用品，如箱、盘、篮、玩具等。	主要产地为河北固安及江苏北部、山东南部一带。
藤	利用山藤编织的各种器皿和家具。	一种传统实用工艺品，主要产地广东。历史悠久。

（4）动物类：毛、皮、丝、羽毛、骨骼、牙、角。

比如角雕。所用材料主要为犀牛角。由于保护动物，现在不推荐使用犀牛角，改用牛角来代替。是一种十分珍贵的兽角，由于犀牛角得之不易，受到历朝政府的控制，甚至犀牛角制成的饰物都成为等级尊卑的象征。因此，犀牛角雕刻未得到普遍流传，从而形成一种专门的工艺，多由竹木牙雕刻艺人兼之。

明清两代是犀牛角雕刻高度发展的时期，主要集中在扬州、南京、苏州、杭州、广州等地。清代宫廷大约从雍正朝起开始制作犀牛角器，至乾隆朝达到鼎盛。清宫廷犀牛角来源于泰国、越南和东南亚等国进献的礼物及各地督抚的供品。

犀牛角器因受形状的限制，初以整角制成酒杯外，尚有盂、碗、洗、钵、盒、鼎、炉、瓶、笔山、笔架、盆景、花篮、扳指、嵌件及供欣赏陈设用的动物等，雕刻人物。

相传用犀牛角杯饮酒可清热解毒，所以，犀角杯便成为主要器型。清廷犀牛角器也以犀角杯为多。

（5）织物类：毛线、布料。

比如天下四大名绣——蜀绣、苏绣、湘绣、粤绣。

四大织锦：云锦、壮锦、蜀锦、织锦。

（6）其他：纸

比如宣纸等。

2. 按照用途分类

工艺品有好些用途：装饰用、生活用、军事用等。

比如玉石镇纸，就是装饰用，也是生活用。

龙泉宝剑，还有军事用途。

你也可以考虑其投资、保值的用途。

3. 按照工艺技能分类

如雕刻类、编织类、纺织类、敲击类。

从小了说，比如雕刻，可以分为8类：根雕、角雕、玉雕、牙雕、米雕、竹雕、木雕、核雕。

4. 按照民族分类

可分为汉族、少数民族。

带有明显中原气息的，多是汉族工艺品，比如文房四宝。

少数民族工艺品，基本都带有明显山地、草原、荒漠气息。比如蜡染、背篓、刀等。

5. 按照文化圈分类

民间工艺品可能会蕴含来自儒家文化圈、伊斯兰文化圈、基督教文化圈等的灵感、理念。下面试列举这些文化圈常用的一些符号：

儒家文化圈：意境孝顺等内容以及散点透视等技法。

伊斯兰文化圈：弯刀、星月标志、蒙面的女子等。

基督教文化圈：十字架、天使等。

三、雕刻工艺品欣赏

1. 根艺

根艺又称作"树根造型"、"根雕"，材料是取于树木的根枝，运用树根的自然形态，以艺术的眼光对根枝进行观察、截取、筛选、雕琢、造型最后制成一种独特的民间艺术品。

根雕是一门传统艺术，早在远古时期，人们就已经开始用树根制作了多种艺术品。北宋李昉等人编撰的《闻奇乐》中记载了"荆根枕"，这就是较早的根雕艺术品。到了元代，根雕不仅仅在宫廷和民间发展，也出现在石窟庙宇中。至今，我国的一些石窟和庙宇中，还保存有根雕佛像，为佛坛添了不少风采。到明清，根雕已成为帝王宫殿、政府厅室、家庭的摆设。制作者们继承和发展了木雕技巧，使根雕艺术发展到一个崭新的阶段。

根雕艺术作品最突出的特点就是自然美。就像洞穿蚀空，老朽横陈的树根，就具有一种自然美。通过根雕艺术家对审美艺术的构思、想象和取舍制作，使树根独具有的原始美更集中、更典型的表现出来。根雕艺术不单纯靠雕，也不全是靠制作，而主要是靠发现。其实，根雕艺术是一种"发现"术，发现出树根的自然美。越是大自然鬼斧神工的美态得体现越充分，其艺术价值就越高。因此，成为珍品的根雕艺术品，绝对不能有拼接。

根雕艺术作品，一般可分为两大类：一是实用根雕类；二是陈设根雕类。前者如台灯、盆架和家具等，是日常生活中具有实用性功能。后者除供欣赏外，更具保值增值的作用。根据以上两大类中的表现意境和造型形式，又可分为：具象型、抽象型、意境型和装饰型。

2. 角雕

角雕所用材料主要为犀牛角。犀牛角是一种十分珍贵的兽角，有比较粗的直线纹,角的顶端有小砂眼,近似蜂窝状。犀牛角呈圆锥形,稍有弯曲,长短不等,大约在十五至三十厘米之间。表面呈乌黑色,内中渐浅,为灰褐色,也有浅灰黄色。犀牛角为珍贵药材,性寒、味苦酸咸,是镇惊、止血、消热、滋补的良药。早在汉代,人们就用犀牛角制成器皿饮酒、喝水以强身除病。由于犀牛角得之不易,受到历朝政府的控制,甚至犀牛角制成的饰物都成为等级尊卑的象征。因此,犀牛角雕刻未得到普遍流传,从而形成一种专门的工艺,多由竹木牙雕刻艺人兼之。明清两代是犀牛角雕刻高度发展的时期,主要集中在扬州、南京、苏州、杭州、广州等地。清代宫廷大约从雍正朝起开始制作犀牛角器,至乾隆朝达到鼎盛。清宫廷犀牛角来源于泰国、越南和东南亚等国进献的礼物及各地督抚的供品。犀牛角器因受形状的限制,初以整角制成酒杯外,尚有盅、碗、洗、钵、盒、鼎、炉、瓶、笔山、笔架、盆景、花篮、扳指、嵌件及供欣赏陈设用的动物等,雕刻人物。相传用犀牛角杯饮酒可清热解毒,所以,犀角杯便成为主要器型。清廷犀牛角器也以犀角杯为多。

3. 石雕

石雕又称"石刻"。最初,是为了人类的生存需要而打制石器,进而运用审美观,在石刻上雕刻纹饰,使之成为实用又美观的工艺品,这就是早期石雕作品的产生过程。到了新石器时代,中国石雕艺术已经历了一个漫长的发展演变过程,至商周时期已日趋成熟。这一时期的石雕作品,刀法精湛,造型优美,表现出古朴的艺术水准。两汉时期,中国石雕艺术发展进入了一个高峰期,首次出现了大型墓前石雕。这些石雕雕刻手法简练、型态生动、动势强烈、气魄雄浑。在汉代墓室内大量的画像石亦别有韵味。由于汉代流行厚葬之风,一些贵族、富豪们追求豪华的墓葬,于是就出现了大量有画像石的祠堂碑阙和坟墓。东汉后期佛教的传入,对中国石雕艺术的发展又起了巨大的推动作用。历代上一些信佛倡佛的统治者,耗费巨资开凿石窟,雕凿佛像,使佛教石雕艺术快速发展起来。南北朝时期,佛教在中国的影响已日益剧增,佛教寺院到处林立。除了石窟石雕,单体石雕佛像仍有少数保存至今,但大部分因历代的战乱而遭毁坏或埋入地下,有的历经千余年后,才陆续被发现。唐代是中国石雕艺术发展的又一个高峰。唐代的石雕艺术,不论是佛教雕刻还是世俗雕刻,规模之大,数量之多,工艺之精湛,形式之繁华,均前所未有。出现于东汉时期的帝王陵前置石刻的传统,发展到唐代颇具规模。但宋代王陵的石雕无论是造型、气势,还是石雕的神态和雕琢技艺,均不如唐代。早期的石雕艺术秉承晚唐遗风，比例适度，线条简洁，而后期的石雕艺术，气势略减，雕琢技法则转为细腻。明代帝陵石刻，基本秉承宋代风格，但人物表情呆滞，较宋石刻又大为逊色。清代帝陵石雕艺术，虽秉承宋明风格，但较之前朝，更加呆板俗气。

4. 牙雕

牙雕是指在象牙及其他动物的牙为材料雕刻的工艺品。在中国牙雕历史上，牙雕起源于新石器时代河姆渡文化、大汶口文化时期。唐宋时期象牙制品已达到较精美的程度。明清时期，随着竹雕木雕刻艺术的高度发展，以象牙为材料的牙雕艺术也相应普遍发展起来。由于与东南亚、非洲各地的经济文化交流的扩大，象牙原料也随之引进中国，当时以北京、扬州、广州为中心，我国各具特色的象牙传统工艺得到发展。中国清代时期的象牙雕刻艺术，作品种类繁多。当时的牙、角、竹、木、雕刻并没有明确的分工，许多雕刻艺人对加工各种质地的材料得心应手，所以明清牙雕艺术更易于吸收别种雕刻技法的长处。清代的象牙雕刻分江南与广东两大流派，在雍正和乾隆时期达到了高峰。象牙的质地十分细腻坚硬，不易脆裂，是难得的优良精雕材料，雕刻艺人们除了用象牙这绝好的雕刻材表现人物山水之外，较多的题材就是花卉鱼虫、田园风光。

5. 玉雕

中国玉雕工艺历史悠久，7000多年前的辽河文化、山东大汶口文化到太湖流域的良渚文化，揭开了中国玉雕的序幕。夏、商、周时期是中国古玉器发展的重要时期。夏玉发现极少，商代的古玉成就已高，周代玉雕成了一门独立的行业。春秋战国时期，玉雕的制作得到各诸侯国的重视，有不少创新之举。汉代是玉雕工艺蓬勃发展的黄金时代，结束了以商周时期为代表的古玉发展阶段，在秉承春秋战国玉雕技艺的基础上，积极开拓品种。自发展到汉玉之后，中国玉雕在之后300余年时间中，进入了低潮。隋唐时期，玉雕工艺又再次兴起，但人们对玉雕工艺不再持有神秘的观念。大量的玉雕制品被王室、贵族、富豪收藏的秘宝，使玉雕作品成了珍玩为主、礼仪为辅的新格局。宋代乃是中国工艺十分发达的时期，玉雕作品也走上了世俗化、装饰化的道路。与宋代同时的辽、金为北方游牧民族，其玉雕作品多选用狩猎题材，作品具有强烈的塞北风情。元代玉雕作品成就也很高。明代玉雕作品以镶金银、嵌宝石为特色。清代是中国玉雕工艺发达的时期，清代玉雕作品用玉广泛，表现形式丰富多彩，做工精巧，形成了仿古器皿、人物花鸟摆件、兽摆件、山石雕、玉盆花、玉首饰、玉镶嵌等产品门类。清代玉雕工艺是最繁荣时期是乾隆在位的60年。道光之后，玉雕工艺则日渐衰落。

6. 竹雕

中国是世界上用竹最早的国家之一。早在新石器时代文化遗址中就发现带孔的竹镞头，在良渚文化遗址发现竹篾编织物。古籍记载，汉代以前，我们的先民已有广泛用竹制作各种实用器物。中国的人用竹而爱竹也历史悠久。从魏晋时期起，竹子以成为文人墨客的咏诵对象，贤达雅士将竹子的外貌品性神圣化、人格化，比拟君子谦逊、清高、坚毅的化身。宋代以后，竹子又成为文人赋辞作画的不朽题材。文人爱竹颂竹的同时，从魏晋时期起，从竹制实用器物发展中孕育出竹雕工艺品，直到明中期，中国竹雕尚处于初创阶段。尽管以前已具备不同的竹刻技法，但只有少数爱好者精于此道，偶尔刻之，影响不大，传世佳作更是少之甚少。竹雕真正的著称于世，是从明代中期开始，且发展于江南少数多才多艺的文人。明中以后，竹雕的流派主要有两派：一是以朱松邻为开山鼻祖的嘉定派；二是以李文甫、濮仲谦为创始人的金陵派。嘉定派的技法以深刻为主，自朱松邻经其子朱小松传至其孙朱三松，经半个多世纪，技法的不断创新，更臻娴熟。以朱氏祖孙三代为代表的嘉定派成为中国竹雕艺术主要代表。金陵派竹雕刻法用刀以浅刻为主，又称"浅浮雕"派。但其刀法简洁，不以工细争胜。明代竹雕除金陵和嘉定两派之外，尚具风格自成一家的巨匠张希黄，所制皆用阳文花纹的"留青法"。清代前期，嘉定派竹雕的名家辈出。清代后期，竹雕艺人更多。乾嘉之际兴起金石考据学，影响书画和竹雕。竹刻金石纹者居多。竹雕兴旺的历史并不长，从明末至清乾隆期间的竹雕作品最为珍贵。

7. 木雕

早在远古时代，中国的木雕技艺已达到相当高的水平。在湖南长沙、湖北江陵等地的楚墓以及河南信阳等地的战国墓中，出土许多木俑，有单块木头雕成，或以榫铆结构拼接手臂，姿态各异。木俑的服装，或着彩绘，均表现出各种不同的身份和动作。这些木俑很好地代表了战国时代的木雕水平。

8. 核雕

核雕，以桃核、缅茄核、橄榄核、核桃为材料雕刻材料的工艺品。果核虽然小，但取材却很广，雕刻内容有人物、走兽、山水及楼台亭阁等。

四、著名民间工艺品

1. 潍坊风筝

（1）渊源

潍坊风筝的源头，可以赘述到鲁国思想象墨翟制作第一只"木鸢"，至今已有两千多年的历史，但它真正开始兴盛，走向民间是在明代。到清朝中期，潍坊出现专门从事风筝制作的民间艺人。相传以姓陈的哑巴艺人扎得风筝新颖好看，放得又高又稳，而远近闻名。这时，清明节前后放风筝也成了当地的踏春风俗。有首《竹枝词》是这样描写风筝市场的盛况的："风筝市在东城墙，购选游人来去忙，花样翻新招主顾，双双蝴蝶鸢成行。"风筝飘洋过海，被带到美国、日本当作艺术品馆藏起来。新中国成立后，潍坊风筝作为潍坊市的象征，受到当地人民的珍爱和重视。从1984年起，潍坊市连续成功举办了国际风筝节；1988年，潍坊市被国内外风筝界定为"世界风筝都"。潍坊风筝走出国门飞向了世界，真正达到了它的鼎盛期。

（2）种类

按风筝的构造分有硬翅风筝、软翅风筝、平桃风筝、拍子风筝、软风筝、桶形风筝等；按风筝的功能分有玩具风筝、观赏风筝、特技风筝等等。按形象分别鸟形风筝（如鹰、燕、仙鹤）、水族风筝（如金鱼、蛙、蟹）、虫形风筝（如蜻蜓、知了、蝴蝶）、人物风筝（如孙悟空、胖娃娃、老寿星）、器物风筝（如扇子、钟、宫灯）、字形风筝（如"双喜"、"福"字"寿"字风筝）、变形和几何图形风筝（如瓦片、八卦、五星），按大小又可分为巨型风筝与微型风筝。潍坊艺人扎的"鲤鱼跳龙门"风筝，两层楼高，面积为174平方米。巨型立体蜈蚣风筝，龙头状的头和数十节的身，共100多米长。

（3）体系流派

今日潍坊风筝艺术品种繁多，由于风筝艺人和各行各业的风筝制作者有着不同的生活阅历、不同的文化层次和不同的知识结形成了现在潍坊风筝的不同体系和流派。但是，真正受旅游者追捧的是民间风筝制作者，他们的特点是：

①民间风筝制作者，多数为农民和手工艺人，一般地说，在艺术方面没有经过专门的训练。他们按照自己对生活的直观感受及审美习惯，无拘无束地表达他们的理想和愿望。这类风筝的制作风格，都带有浓厚的乡土气息。

②民间风筝大都是结合于清明、重阳节这些传统节日制作的,所以其主题是有选择的,形式上讲究装饰性。

③民间风筝一般是就地取材,篾扎纸糊,风格粗犷,不矫揉造作。

④民间风筝受地域性文化性、风俗习惯的影响,在制作中往往相互观摩、加之祖传因素,所以,民间风筝带有古老传统的色彩,事实上是一种集体创作。

2. 泥人张

(1)泥人张

天津人士,彩塑领衔人物。彩塑是一种深得老百姓厚爱的民间美术作品,流传、发展至今,已有180多年的历史。期间,经过创始、乃至世界的认可。令人相当喜爱。"泥人张"的彩塑,把传统捏泥人提高到圆塑艺术水平,又装饰上色彩及道具、形成了彩塑独特的风格。它是继元代刘元之后的我国又一个泥塑的艺术高峰,其作品艺术优雅精美,影响远及世界各地,在我国民间美术史上具有重要的地位!

(2)艺术特色

"泥人张"彩塑创作题材来源广泛,或反映民间习俗习惯,或取材于各种民间故事、舞台各种戏剧,或直接取材于中国名著《水浒》、《三国演义》、《红楼梦》等。所塑作品不仅形似生动,而且以形写神而达到神形兼具的境界。"泥人张"彩塑用色简雅明朗,用料讲究,所捏的泥人历经时代变迁,栩栩如生,不燥不裂,在国际上享有盛誉。

泥人张彩塑属于室内雕塑,一般尺寸不会很大,高约40厘米,可放在案头或架子等托物品上,故又称为架上雕塑、彩塑艺术。是一个涉及面极为广泛,运用于各种环境装饰的艺术形式,有服务社会、美化环境的重要观赏作用。

3. 唐三彩

唐代是中国封建社会的鼎盛时期,经济上繁荣兴盛,文化艺术上群芳争艳,三彩釉陶始于南北朝盛于唐,它以造型生动逼真、色泽艳丽和富有生活气息而著称,因为常用三种基本色,又在唐代形成特点,所以被后人称为"唐三彩"。

(1)种类

唐三彩种类很多,包括人物、动物、碗盘、水器、酒器、文具、家具、房屋,甚至装骨灰的壶坛等等。大致上较为人喜爱的是马俑,有的扬足飞奔,有的徘徊伫立,有的引颈嘶鸣,均表现出栩栩如生的各种姿态。至于人物造型有妇女、文官、武将、胡俑、天王，根据人物的社会地位和等级，刻画出不同的性格和特征，实为我国古代雕塑的典范精品。

（2）分布

唐三彩分布在长安和洛阳两地，在长安的称西窑，在洛阳的则称东窑。唐代盛行厚葬，不仅是大官贵族，百姓也如此，已形成一股风气。

（3）工艺原理

是一种低温铅釉陶器，在色釉中加入不同的金属氧化物，经过焙烧，便形成浅黄、赭黄、浅绿、深绿、天蓝、褐红、茄紫等多种色彩，但多以黄、褐、绿三色为主。唐三彩在色彩的相互辉映中，显出堂皇富丽的艺术魅力。

【思考题】

中国工艺品，如何才能走向世界？请在教师指导下讨论。

第七章　少数民族文化

一、少数民族文化与旅游

随着我们国家旅游业的发展迅猛，少数民族文化旅游业已占有重要的地位。

朴素的各种少数民族文化——是中华民族文化组成的一部分，大多发源于美丽的自然环境和古老的社会历史中，极富特色，韵味深长，是中华民族文化中的一朵鲍蕾。

在旅游业给少数民族区域带来经济效益的同时，也导致民族文化庸俗化、民族文化认同感的失落以及价值观的退化及遗失，造成旅游地价值降低的一系列问题。因此，重视对少数民族文化旅游资源保护性开发，认真贯彻执行党的路线、方针和政策，走可持续发展道路，才能在发展旅游业和传承少数民族文化，保护少数民族文化的旅游资源之间找到一个平衡点和契合点，在取得经济效益的同时，取得社会效益，推动少数民族地区旅游业健康和稳定的发展。

1. 少数民族文化

少数民族文化是各少数民族在长时间的历史发展过程中，所创造且负载着具有本民族特点的物质文明及精神文明的总和，它包含了各少数民族的物质生活、社会生活和精神生活各个方面。

有学者把它分为这几类：衣、食、住、行四个方面生活文化；人生礼仪和婚姻家庭文化；民间传统文化，包括民间艺术文学、民间歌舞、民间娱乐等；信仰、巫术文化；工艺科技文化；节日文化等。

2. 少数民族文化旅游资源

我国拥有 56 个民族，每个民族的文化体系都有着丰富的文化旅游资源，也就是说少数民族文化，是少数民族文化旅游资源的源头。

但并非所有的少数民族文化都是可以作为旅游资源开发的。无论哪种民族文化的内在构成部分都可以大致分为：

显性文化，包括富于民族特色的服饰、建筑、饮食、交通工具、生产工具等；

隐性文化，如各民族的伦理观念、审美观念、价值观念等；

显性与隐性的混合文化，如家庭婚姻、宗教信仰、人生礼仪、节庆节日、风俗习惯、民间艺术等。

从旅游开发的角度看，这其中能作为旅游的资源，具有开发价值的文化，往往是那些显性文化和混合性文化；而隐性文化，通常情况下难以被外来的游客所感知理解和接受，因而往往很难以被作为旅游资源开发。

所以，少数民族文化旅游资源，是指那些能对旅游者产生吸引力，并且可以为旅游业所利用，可以产生经济效益和社会效益，生态效益的少数民族文化因素。由此，我们可以看出，少数民族文化旅游资源的核心，就是吸引力因素。但在民族文化旅游资源的开发中，必须以市场需求目的为导向，要根据市场需求对原有文化资源进行再加工、再生产。也就是说呈现在游客面前的少数民族文化，应是按照游客和旅行社的需求与要求，把本土文化重新构建，并改变表达的方式。

二、少数民族文化旅游资源开发

各少数民族凭借其独有特色民族文化事项，以其丰富内容、浓烈地方特色、深厚文化底蕴、鲜明民族特点，构成少数民族的文化旅游开发的丰厚资源。满足了游客的"求知、求异、求新"心理需求及"求审美及愉悦体验本质规定"，日益受到旅游者的青睐，具有开发利用的潜力和现实的可行性。少数民族文化旅游资源在开发过程中需要注意下面几个问题：

1. 鼓励游客参与，以人为本

以前的一些民族文化旅游，旅游地只是通过简单的舞台表演等形式，单纯地展示文化，游客只像一般观光旅游那样简单地参观和浏览。现在就要求在少数民族文化旅游开发过程中创造出更多的空间和机会，以方便游客自由地活动和参与，让游客真正体验到与目的地居民融为一体、和睦相处的感觉，亲身感受到各少数民族文化的内在韵味，让游客吸收到少数民族文化丰富的内涵，再通过自己思维加工成很多丰润的形式传播于其他人，和传承于后人。这不仅起到一种很好的宣传效果，更有益于对少数民族文化旅游资源的可持续性开发利用。

2. 突出民族化与地方化，以文化为本

在少数民族文化的旅游资源开发中，要注重与当地旅游资源相结合，突显旅游资源的民族性和地方性，也就是要突出他们的特色。一旦民族文化特色失去，

则其作为旅游资源即成为无源之水,无本之木。不同少数民族之间,不同地区的同一个少数民族之间,他们的文化表现可能会有些许差异。在开发中只有注重各少数民族文化深刻的内涵,才能突出自己少数民族的独特性,因为少数民族文化的深刻内涵,是少数民族文化旅游灵魂之所在。从经济角度看,旅游经济本身是注意力经济,只有特色鲜明,才会吸引更多游客。因此,深刻文化内涵,鲜明文化特色,是少数民族文化旅游资源的生命力之所在。

3. 实现少数民族文化旅游资源的可持续发展,开发与保护并举

少数民族旅游资源开发的目的就是发展当地旅游业,以期实现经济的效益。我们不能盲目扩大民族文化旅游的规模而一味追求经济社会的迅速发展,也不能为了一味地强调保护少数民族文化的旅游资源而抑制旅游业发展,要"两手抓,两手都要硬"。在少数民族文化旅游资源开发过程中,我们要考虑文化的传承性和环境的承载能力,避免造成旅游地吸引力降低的一些负面影响;必须遵循经济、环境、社会三方效益统一原则,最终成功实现少数民族文化旅游的可持续发展。

三、旅游开发对少数民族文化影响

在比较封闭的少数民族地区,区域发展水平相对落后于社会的总体发展,封闭的环境成了这些民族地区保护其民族文化原生态度性的屏障。但在发展经济的要求和驱动下,少数民族文化作为旅游资源展现在世人面前,这也使少数民族文化受到很多来自各方面积极和消极的影响。

1. 有利于少数民族文化的发展

旅游开发给少数民族地区带来了经济效益,也加强化少数民族人民对本民族文化的自尊感和认同感,增强了他们对自我民族自信心和对本土民族文化的珍视和保护。少数民族地区为了迎合旅游需要,人们修整了一些当地的民居和历史建筑;穿起了搁置在家里很久的民族服装;拿起工具制作传统的手工艺品;频繁地举办各种名族节庆活动;开始对那些即将消亡的民族文化抢救性保护等等,不仅复兴了少数民族传统文化,也使那些即将消亡的少数民族文化获得新生。于此同时,通过与外来文化的交流,也使本民族文化得到相应发展。

2. 可能导致少数民族文化的变异和消亡

在民族文化旅游开发过程中,外来文化作为一种强势文化,主要是通过一种"示范效应"的途径对少数民族文化的影响,导致当地本土文化的"变异"。旅

者以其自身的意识的形态和自身生活方式介入旅游接待地社会中,引起接待地居民的各种思想变化,从而产生各种负面影响,这种作用称为"示范效应"。旅游者到少数民族地区去旅游,要亲自参与到居民的活动之中,以深入融合到当地的文化之中,如观看各种歌舞表演,学习演奏各种民族乐器,品尝各种当地风味食品,乘坐当地各种交通工具等,就必然也把自己所接受的文化带到少数民族中来,这样,当地文化就很容易被外来因素影响、破坏和侵蚀。尽管外来文化与当地文化间的交流和影响是相互的,但事实上,旅游者对当地文化的影响远远大于他们所接受的少数民族文化影响。正如有的学者所说:大量的游客骤然进入一个具有自然的、原生的、传统的社会时,该社会内"结构链"可能产生破裂,特色性文化——被视为"不可多得的旅游资源"会因此消失或者发生根本性的变化。一方面,旅游者大多来自经济发达地区,大多数旅游者传承的是很多人所谓的"强势文化",而少数民族地区是经济相对滞后地区,所以旅游者带来的文化对当地文化有较大的影响和冲击力;另一方面,旅游者与当地居民的接触短暂而肤浅,接触范围有限,但对当地居民来讲,他们和旅游者的接触是长期的,他们接触的是不同时期前来旅游的旅游者群体。所以,少数民族文化相对于外来文化来说,成为一种"弱势文化"。在整个文化交流中,旅游地的语言、建筑形式、民族服饰、饮食习惯以及思想观念都因为吸收外来文化某些成分而发生较大改变。特别是大规模的旅游经济开发,将旅游经济运行模式等现代观念带进少数民族地域,对当地的少数民族文化产生不可估量的影响,最突出的表现就是少数民族文化的商品化。一些地区将传统的少数名族民族文化风情和神圣的祭祀仪式作为旅游的卖点,以至少数民族文化的庸俗化和民俗风情而失去本来的面目。有些地区为了迎合旅游者的兴趣,改变本民族的工艺风格形式,把原来富有宗教和礼仪意义的一些工艺品变为旅游商品,显得不伦不类,严重损害其民族工艺的价值。所以,旅游业的开发会使外来文化对当地少数民族文化生活、形态方式及价值观念带来冲击,导致其民族文化的变异和消亡。

3. 差异性和标准化的矛盾

在当今旅游业的发展中,随着很多"标准"和"规范"的出台,给很多游客带来从观念形态到行为方式的一些"标准化"期待,导致游客以一些思维定式去要求自己应该享受的服务和待遇,甚至会以某种特定的标准去要求东道主文化;与此同时,这些所谓的"标准"、"规范"对旅游接待地也形成一种不利的引导,即必

第七章 少数民族文化

须按照那些"标准"去开展旅游活动。这也正是少数民族地区开发民族文化旅游所面临的最大的困难：一方面，由于游客来自不同地域，其旅游的动机、文化的特征和个人素质等因素不尽相同，在旅游资源的开发中必须付出最大的努力达到"众口能享"的标准，来满足每个旅游者"追求审美和身心愉悦体验"的目的；另一方面，游客的民族文化旅游活动本身是追求文化的"差异性"，游客的旅游动机中一个重要依据，就是希望能够自己亲身体验和亲身经历与自己熟悉的文化体系完全不一样的东西，也就是说，游客看到的、体验到的东西，越奇奇特，效果越好。所以，怎样在旅游开发中既能让少数民族文化保留其特色，又不影响当地旅游业的发展，就成了我们需要解决的问题。

四、少数民族旅游资源的保护

在民族旅游业中，旅游资源保护与开发是一个永恒的话题。相对于开发而言，保护似乎是一个与其对立的概念，但事实上并非如此。特别是民族文化作为一种比较脆弱的旅游资源，在开发和经营中极易形成"重利用，轻保护"的粗放发展陷阱。我们有理由对经济目标驱使造成的少数民族文化的破坏表示忧虑，对民族文化旅游资源开发要有一种危机的意识。在现代旅游业发展非常迅猛的今天，少数民族文化旅游资源的保护，成了一个非常现实的问题。

1. 加强民族文化旅游资源保护的普及和教育，提高保护自觉性

文化是根植于现代社会并由人来继承和传承的，而这些承载文化的人也是本民族文化的利益主体。没有哪个民族为了发展和需要，愿意任由本民族文化的消亡。人们已受到破坏自然的多种多样的惩罚，如果不注重保护文化生态和保证文化的多样性，那么人们面对的将是文化资源减少和文化生态被破坏的严重恶果，其危害绝不亚于大自然界对人类的严厉惩罚。少数民族地区的人民在意识和行动上的自主是少数民族地区发展的根本基础。因此，开发少数民族文化旅游资源中最重要的，就是要尊重少数民族地区居民的发展要求，尊重他们的各种选择。

2. 加强对旅客的教育和管理

少数民族文化旅游资源很重要的特点就是游客参与。旅客又是一个比较松散的团体，其素质水平也参差不齐，故在旅游的过程中，应对游客加强教育、管理，引导他们能自觉遵循起码的道德规范，学会尊重当地人的各种传统与文化。

3. 建立各种科学完善的保护机制

对那些在人类文明进程中的落后、蒙昧、不能适应时代发展、即将消亡的名族

文化，实行静态的保护方式，即运用现代高科技，通过保存各种实物、影像等手段，用建立各种民族文化旅游博物馆的方式保护。如独龙族的女性纹面习俗，虽没有积极意义，对游客却具有相当大的吸引力，但独龙族纹面女现在存活于世的仅有罕见的数十位，所以采用影像把她们的照片保存起来就是对独龙族纹面习俗一个相当好的保护方法。对那些能适应发展的文化，要进行动态保护，即对其可以赋予时代的精神与新的内涵加以整合，在政府有关部门的引导、相关专家指导下，科学合理地进行开发。

五、旅游者眼中的少数民族文化

1. 服装

服饰是人们的第二层皮肤，是标志着人类物质文明的标志之一，是一个民族的重要标记，也是一种美的文化。

中国是一个多民族的国家，在960万平方公里的中华大地上，除汉族外，还生活着55个少数民族同胞。各民族在悠悠漫长的历史发展中创造了优秀的少数民族文化，其中包括绚丽多姿的服装文化。由于我国大多数少数民族都聚居在边远地区，长期处于自然经济的状态中，很少受外来文化和现代文化的影响，使其独具鲜明风格的服饰文化得以完好无损地保存下来。它以种类繁多的款式、特殊的面布面料质感、鲜艳而夺目的色彩审美、精美的制作工艺和它所蕴含的深沉凝重的文化内涵，在世界上也是独树一帜，引起了世界上服装界、美术界、民族学界的极大关注。当国内外的各界人士对我国少数民族服饰的研究悄然兴起的同时，研究我们如何采用现代科学技术，利用博物馆有限空间，通过合理而巧妙的陈列手段将中国民族服饰那种浓烈、凝重、古朴、清雅 重叠之美，直观、生动、如实地传播给我们的观众，也具有重大的意义。

2. 风俗

中国各个少数民族在长期的历史发展中，都形成了本民族独具风格的文化。中国少数民族的风俗习惯差异比较大，具有与众不同的生活方式和生产方式，表现在居住、服饰、饮食、礼仪、婚姻、丧葬等多方面。我们国家尊重少数民族的风俗习惯，少数民族享有保持和更改本民族风俗习惯的权利。在社会生活的各个方面，政府对少数民族地区保持或改革本民族风俗习惯的权利加以维护。

少数民族的传统文化受到尊重和保护，各少数民族都可以自由地保持和发展本民族的风俗和文化。在长期的发展过程中,由于我国各民族所处的地域、社会条件、自然环境、经济发展程度等方面不同,因而形成了各名族独特的风俗习惯。

在饮食方面,南方人喜食米饭,北方人喜欢吃面食;维吾尔族、哈萨克族和乌孜别克族喜欢吃烤羊肉串、馕和抓饭,蒙古族爱吃炸羊尾、炒米和喝奶茶,朝鲜族爱吃冷面、打糕和泡菜,藏族爱喝酥油茶和吃糌粑,黎族、傣族和京族爱嚼槟榔。

在服饰方面,蒙古族习惯穿马靴和蒙古袍,维吾尔族爱戴四楞绣花小帽,藏族爱穿藏袍,彝族男女外出时都喜爱披"擦尔瓦"(形如斗篷的羊毛披衫),朝鲜族爱穿船形胶鞋,苗、彝、藏等民族的妇女爱戴金银制的饰品。

居住方面,傣、壮、布依等南方民族爱住干栏式楼房。汉族聚居地区普遍住院落式住宅,内蒙古、青海、新疆、甘肃等地牧区的民族大多住蒙古包。

中国各少数民族的丧葬习俗各有不同,有天葬、水葬、火葬、土葬等不同的葬法。回族、维吾尔族等少数民族习惯土葬;藏族实行土葬、天葬、水葬。

中国少数民族年节习俗非常丰富。如:藏族有藏历新年、"雪顿节",回族、维吾尔等民族有"古尔邦节"、"开斋节",傣族的"泼水节",蒙古族的"那达慕",彝族的"火把节",等等。各个少数民族自由地按本民族的传统习惯欢度自己民族的节日。

3. 建筑

少数民族的族源各不相同,但在历史发展过程中,随着民族的屯田、迁延、移民戍边及朝代更迭、各地经济往来的日益增多,各民族之间的各种联系不断加强,民族和名族之间的文化也相互融合、相互影响。在一方面边疆各少数民族文化流入到中原,对汉文化产生很大的影响;另一个方面,汉文化不断向四面扩散,又促进各地文化的发展,形成了我中有你、你中有我的文化特点。这种融合与影响表现在文化的诸多方面,在建筑上也有所体现,尤其是在元朝和清朝都是少数民族建立的朝代,更是促进了汉族文化建筑艺术与少数民族建筑文化艺术及各少数民族建筑艺术之间的很大融合。

4. 节庆

少数民族节庆中旅游,是民俗旅游中的一种特殊的形态,具有短期性质、限时性。这类节日庆典旅游往往很有大规模的群众参并与政府支持、媒体宣传相关。少数民族原生态节日庆典的活动逐渐向旅游开放后,有复杂的节日场景、有多重力量干预下的文化语境就产生民族节日和原生态的民俗文化遭遇变革。节日属于文化事件中的一种常见类型,其成为促进旅游发展和繁荣某地方经济的一种重要手段,是一种具有特色鲜明的旅游吸引物。少数民族节庆旅游,如彝族"火把节"、水族"端节""卯节",壮族"三月三"歌圩,融水苗族坡会等,是民俗旅游中的一种特殊形态。这些节庆旅游常常有大规模的群众参与度,并与其当地旅游公司、政府、宣传媒体密切相关。大多民俗学研究者认为,少数民族的节庆在民俗旅游的冲击下已经发生了一些变化,其因为大量的外来因素的影响而改变了原本的文化内涵。

5. 壮族文化

壮族是中国少数民族中人口最多的一个民族,主要聚居在广西、云南省文山,广东连山、贵州从江、湖南江华等地也有分布。

(1) 风俗

壮族以农业为主,驰名中外的蛤蚧、三七和茴油是壮族素负盛名的特产。甘蔗产量居全国首位。

壮族信仰原始宗教,祭祀祖先,部分人信仰天主教和基督教。著名节日有一年一度的"三月三"歌节等。

有客人到壮家,主人必须在能力所能及的情况下给客人以最好的食宿,对客人中的长者和新客尤其热情。用餐时须等最年长老人入席后才能开饭;给长辈和客人端茶、盛饭,必须双手捧给;长辈未动的菜,晚辈不得先吃,而且不能从客人面前递过,也不能从背后递给长辈;先吃完晚辈必须要逐个对长辈、客人说"慢吃"再离席;晚辈不能落在全桌人之后吃饭。路遇老人,男的要称"公公",女的则称"奶奶"或老太太;路遇客人或负重者,要主动让路,若遇负重的长者同行,要主动帮助长辈其代负并送到分手处。

【日常食俗】

多数的壮族习惯于日食三餐,大米、玉米是主食。玉米粥是山里壮族人最常吃的。

【制作方法】

平时用于做饭、煮粥;

也常蒸成米粉食用,味道鲜美可口;

粳米、糯米还可泡成甜米酒即醪糟(方法与汉族同)。其营养丰富,在冬天吃,能起御寒滋补作用。

糯米常用做糍粑、粽子、五色糯米饭等,也是壮族节庆时必备的食品。

玉米也有机玉米与糯玉米之区别;机玉米用于熬粥,同时也煎成玉米饼;还有些地方有吃南瓜粥的习惯,即先将瓜熬烂,在加玉米面煮熟即可。糯玉米磨成面后,可做成糯玉米粑,或捏成鸡蛋大小的面团(内可包有糖、芝麻、花生等馅料),再用水煮熟,与清汤同吃,相当于汉族元宵。甜食是壮族食俗中又一特色。糍粑、五色饭、水晶包(一种以肥肉丁加白糖为馅的包子)等均要用糖,连玉米粥也加上糖。

壮族人喜欢将新鲜的鸡、鸭、鱼和蔬菜制成七八成熟,菜在热锅中稍炒后即出锅,这样可以保持菜的鲜味。

壮族自家还酿制米酒、木薯酒和红薯酒,度数都不高,其中米酒是过节和待客的主要饮料,有的在米酒中加以鸡胆称为鸡胆酒,加以鸡杂称为鸡杂酒,加以猪肝称为猪肝酒。饮时要一饮而尽,留在嘴里的鸡杂、猪肝则慢慢咀嚼,既可解酒,又可当菜。

(2)服装

【壮锦】

壮族的妇女擅长纺织和刺绣,壮布与壮锦,均以图案精美和色彩亮丽著称,壮锦主要产自于广西,是壮族民间流传下来的一种独特的织锦艺术,已有一千多年的发展历史,与南京云锦、成都蜀锦、苏州宋锦并称"中国四大名锦"。还有具有民族特色的"蜡染"也为人们所称道。

男装:与汉族无多大区别;多为破胸对襟的唐装,布料以当地土布为主,不穿长裤,上衣短领对襟,缝一排六至八对布结纽扣,胸前则缝小兜一对,腹部有两个大兜,下摆往里折成宽边,下沿左右两侧开对称裂口。冬天穿鞋戴帽或包黑头巾,夏天免冠跣足。劳动时则穿草鞋。

女装:女子则多姿多彩,头上包着彩色印花或提花毛巾,上衣着藏青或深蓝色短领右衽偏襟上衣,腰间系着围裙,有一暗兜藏于腹前襟内。

在赶圩或歌场、节日的时候,女子会穿得鲜艳许多。会穿绣花鞋、戴耳环、手镯和项圈。服装花色和佩戴的小饰物,特别是在鞋、帽、胸兜上用五色丝线绣上花纹、鸟兽、人物、花卉,五花八门,色彩斑斓。各地略有不同。

(3)建筑

壮族一般沿水而居,村寨依山傍水。大多数房屋仍以持古老的"干栏"形式,由于居住地区地形不同而形式各异。

其房屋全是木质结构,底层关养牲畜、家禽;进大门是堂屋,一端设火塘,楼上前边为走廊,围以栏干或半节板壁,光线充足,壮族人多在这里会客、乘凉和纺织。楼上住人,楼梯设于屋内一侧。后屋和旁屋为卧室。

粮仓多设于住房旁,房前竖立一排高约一丈的挂禾架,又叫禾廊,作为秋收晾晒禾把,待干后堆入粮仓所用。屋前多搭一竹或木材料的晒台,用于晾晒衣物和粮食等。

(4) 节庆

壮族节日较多几乎每个月都要过节,但最为隆重的还是春节,其次是七月十五中元鬼节、三月三、清明上坟、八月十五中秋,还有端午、重阳、尝新、冬至、牛魂、送灶等等。

【春节】

一般在腊月二十三过完送灶节后便开始准备,要把房子打扫得干干净净,腊月二十七宰年猪,之后一天包粽子,二十九做糍粑。除夕晚,在吃团圆饭中最有壮族特色的就是整煮的公鸡,家家必有。因为壮族人认为,没有鸡不算过年。年初一要喝糯米甜酒、吃汤圆,初二以后方可走亲访友,相互拜年,一直延续到十五元宵,有些地方甚至到正月三十,整个春节才算结束。

【三月三】

三月三按过去的习俗为上坟扫墓的日子,这时家家户户都要带五色糯米饭、彩蛋等到先人坟头去祭祀、清扫墓地,由长者宣讲祖传家史、族规,然后共进野餐。

还有的就是对唱山歌,热闹非凡。1940年后,这一传统逐步发展到有组织的赛歌会,气氛更加隆重、热烈。

6. 藏族文化

(1) 风俗

【献哈达】

藏族敬献"哈达"是对客人最普遍、最隆重的礼节。哈达越长越宽,表示越隆重。

对尊者、长辈:要双手过头,身体略向前倾。

对平辈:只要把哈达送到对方手里或手腕上就可以。

对晚辈或下属:系在他们脖子上就好。

接受哈达的人最好和献哈达的人姿势一样,以对等的形式表示谢意。

切记:不鞠躬或用单手送哈达,都是很不礼貌的。

【青稞酒】

藏民对客人有敬献奶茶,酥油茶和青稞酒的礼俗习惯。

敬青稞酒:藏族主人要敬客人三杯青稞酒;客人一定要用无名指蘸酒弹一下。否则被认为是很不礼貌的。酒量小的客人,可以喝一口,添一口酒。就算客人喝得不多,主人也很满意。

敬酥油茶:客人在藏式方桌边落座后,将小木碗放好,女主人提壶(第一次)给客人满上酥油茶。女主人再提壶,客人一定要端碗,轻轻往碗里吹一圈,称赞;女主人第三次提壶时,客人呷上第二口;告辞时,可以多喝几口,但不能喝干;至少要喝3碗,喝得越多越受欢迎。

【忌讳】

客人绝对不能用手抚摸佛像、经书、佛珠和护身符等圣物。会被认为是触犯禁规,对人畜不利。

(2)服装

藏族传统服饰注重了实用和美观。

【氆氇长袍】

最基本的特征是肥腰、长袖、右衽、大襟、长靴、长裙、编发及富有夸张色彩的金银珠玉饰品等。厚重保温、宽大暖和的肥腰以及长袖长裙,适应于藏民族居住地的环境和气候。

从实用来看,有如下功能:

储物:胸前留有一个空隙,外出时可存放糌粑、茶叶和饭碗等;

睡袋:夜晚睡觉,解开腰带,脱下双袖,铺一半盖一半,成了一个暖和的大睡袋;

不累赘:天热或劳作时,可根据需要可袒露右臂或双臂,将袖系于腰间,调节体温。

【牛皮衣】

属于西藏错那地区妇女的独有装束:背上都有一张完整的小牛皮,无论老幼。

功能:对原始图腾的崇拜,还可以在进行牧业生产隔潮保暖。

特点：皮毛向内而皮板朝外，皮头部朝上，尾朝下，四肢向两侧伸展。

【藏鞋】

种类：三种，分别是松巴鞋、嘎洛鞋和多扎鞋。

原料：氆氇、毛呢、平绒和皮革为主。

色彩与图案：讲究色彩搭配，有的以丝线绣上各种花纹图案，有的则用金丝缎镶边、贴花。鞋尖有尖有钩，有方有圆，形态各异。鞋带非常讲究，使用细毛绒编织而成，附有各种优美的图案，两端还留有彩穗，色彩艳丽，与藏鞋配在一起，可谓赏心悦目。

功能：鞋腰后部都留有10多厘米长的活口，以便穿脱。穿藏鞋要系带。

(3) 建筑

【布达拉宫】

布达拉宫位于西藏自治区拉萨市西北角的玛布日山上。布达拉，或译成"普陀"，梵语译为"佛教圣地"。

相传始建于公元七世纪，吐蕃王朝藏王松赞干布建。后世不断增筑。

十七世纪中叶，五世达赖受清朝册封，成为西藏地方政教首领，大力扩建。

布达拉宫是历代达赖喇嘛的冬宫，也是西藏的政治中心。布达拉宫主楼为13层，高110米，东西长360米，全部为木石结构。它依山垒砌，宏伟壮观，举世罕见。内有宫殿、佛堂、经堂、寝宫、金塔、庭院及监牢。宫内有达赖喇嘛灵塔八座。各殿墙壁、门廊过道都绘有绚丽多彩的壁画，具有藏族风格，工笔细腻。供奉佛像数万尊，还有松赞干布和文成公主塑像。宫内保存着大量的珍贵文物，如明清两代皇帝封赐西藏官员的诏敕、封诰、印鉴、礼品等等，另外还有经文典籍、佛像、供器、法器、唐卡（卷轴佛像）。布达拉宫现已成为著名的游览胜地。

【白宫】

白宫为布达拉宫的一部分。清顺治十年（1653年）由五世达赖的弟弟巴索朗热登主持建造。白宫最高处为达赖的寝宫，包括经堂、卧室、客厅、摆设豪华，珍宝无数。白宫四周都是圆堡式建筑，是达赖五世仿早期宫堡形式建。

【塔尔寺】

在青海湟中县，离西宁市25公里，也是藏传佛教格鲁派六大寺院之一。是为了纪念黄教始祖宗喀巴，在明代嘉庆三十九年（1560年）建造的。塔尔寺就是宗喀巴的诞生地。先建塔，随后扩建成寺院。塔尔寺的殿堂融合了汉式宫殿和藏式平顶建筑的传统风格,由众多的经堂、殿堂、僧舍组成规模宏大的建筑群。大金瓦殿为寺内主殿,具有汉式宫殿的特点。正中有一米高的大银塔座,相传为宗喀巴出生时埋葬胎衣的地方。塔前有金银灯及装饰物,莲台上有各种佛像,殿内的墙上有佛教壁画。小金瓦瓦,是在藏式平顶上建的一座歇山琉璃小亭。四角飞翘,斗拱四挑。主殿突出汉式歇山金顶,正脊装宝瓶,四角设套兽。女儿墙部分,横带"蜈蚣墙"装饰,窗口是梯形砖框,上挑短椽,墙石用赭石或黑色涂染并加铜镜装饰。这是藏式建筑的明显特征。寺院的大经堂内有168根大柱。设有"佛团垫",可供上千个喇嘛打坐诵经。

【大昭寺】

在西藏拉萨市内。据说是由唐朝文成公主选址和设计的。是西藏最早的一座仿唐式建筑。寺坐东向西,殿高四层,上覆金顶,辉煌壮观。寺建成后又经历代修缮增建,形成占地约两万平方米的庞大建筑群。正殿内有大木柱20根,往上斗拱架梁,浮雕精美,有人物、鸟兽等图案,四周走廊和殿堂画满藏式壁画,内容丰富,既有佛经故事也有历史人物,其中有表现文成公主进藏的场面,有建造大昭寺的情景。大殿正中供奉着当时文成公主从长安带到拉萨的释迦牟尼镀金佛像,配殿供有松赞干布、文成公主、尼泊尔尺尊公主的塑像。寺前有相传是文成公主种植的唐柳遗迹、唐蕃会盟碑等古迹。

【小昭寺】

在拉萨市城区。是七世纪中叶文成公主督饬藏汉工匠建造的。寺坐西向东,建筑形式原与汉族地区寺庙相似,后经历几次焚毁,几次重新修复,原面貌消失殆尽。寺中正殿供有尼泊尔尺尊公主带到西藏的释迦牟尼八岁时的镀金像,寺内壁画很多。原是喇嘛教密宗经学院之一,举堆扎仓僧人聚会诵经的场所。至今仍是深受藏族人民敬仰的一座古寺。

(4)节庆

藏族节日多具有浓厚的宗教色彩,并伴以许多娱乐活动。西藏月月都有节庆活动,尤以1、2月份为多。其主要节日有:

【藏历除夕和新年】

藏历除夕和新年是藏族人民一年中最大的节日,倍受重视。进入藏历十二月,人们就开始做过年的一系列准备:浸泡青稞种子,藏历初一那天好把青稞苗供在佛龛上,以求佛主保佑在新的一年里丰收吉祥;用酥油和白面炸"卡赛"等供品;完成针线活,打扫房屋庭院。在老城区和农村,人们还用石灰、白漆或糌粑粉在墙上画吉祥图案,有的则画蝎子避邪。

藏历除夕的晚上,各家各户吃"古突"(即面圪瘩)驱鬼。家庭主妇在做"古突"时,要故意包上一些东西,以测试家人在新的一年里的运气。如吃到瓷片说明好吃懒做,吃到辣椒说明嘴如刀子,吃到肉说明敬老爱幼,吃到牛粪表示经常有好运气等等。吃到什么,要当场吐出,往往引起哄堂大笑。吃完"古突"后则举行驱鬼仪式。人们把碗里留下的"古突"倒在一个陶罐里,内有一个用面团做成的"鬼"。在倒"古突"时,要说"剩下的都给你"等话语。接着,手拿一块面团,一面往自己身上四处敲打,一面说"带走邪气",然后把面团也扔进陶罐内。驱完了身上的"鬼"再驱屋里的"鬼"。这时家里的男人拿一把禾秸用火点燃,在屋里院外熏上一圈,一边熏一边喊"鬼出来吧",以把"鬼"赶出家门。女主人端起陶罐跟在火把后面,把"鬼"扔到十字路口,家人还要在后面燃放鞭炮。据说,之所以要把"鬼"扔在十字路口,是为了不让它找到回原宅的路。这天当夜幕降临时,拉萨城内鞭炮声四起,大街小巷皆是手持火把的"驱鬼人",十字路口更是火光冲天。

大年初一的一早,人们在民间说唱老人祝福吉祥的"扎嘎"声中(现在多用录音机播放)迎来藏历新年。这天,各家各户把祝愿吉祥如意的青稞幼苗、"卡赛"(油榨果)、"隆过"(羊头)、"切玛"(五谷丰收斗)、各种糖果摆于佛龛或藏柜上,全家人换上新衣,坐在崭新的卡垫上,吃用人参果、酥油、糖等做的"吉祥饭"。饭后长辈端来五谷斗,每人依次抓上几粒撒向天空表示祭神,然后拈一点放进嘴里。这时长辈祝大家"扎西德勒",晚辈回贺"祝你身体健康,永远幸福"。

这一天各家基本上闭门欢聚,邻里互不走访。初二开始亲朋好友彼此走访,拜年祝贺,持续半个月。

【莫朗钦波节】

即传昭大法会,在藏历正月十五日举行。此会是由宗喀巴于1409年在拉萨发起的一次祈祷大会延续而来的。传昭期间,拉萨三大寺及其它寺庙的喇嘛集中市内,团体诵经,还要举行"格西"学位的考试。二月间,还要举行另一次祈祷法会,藏语称为"聪觉",活动内容与传昭大法会相似,只是规模较小,故又名"小传昭"。

【燃灯节】

于藏历正月15日在拉萨举行。届时,各寺庙的喇嘛及百姓,用五彩酥油捏塑成各式各样的酥油花,挂在大昭寺两边事先搭好的花架上。夜幕降临,花灯点燃之后,宛如群星降落。花灯上绘有花卉、神仙人物、飞禽走兽等。观灯的人群在灯下欢歌起舞,通宵达旦。

【春播节】

又叫播种节、试种节,是给第一次学耕地的小牛套上轭木,试耕土地。每年正月的某一个吉祥日举行。

在春播节前三四天,各家要酿造青稞酒并给牲畜准备好装饰品。到春播节那天日出之时,由一个当年属相的妇女和几个老农民,穿上节日盛装,将准备好的茶酒、经幡、香炉带到破土耕地之处祭祀土地神、农业神,然后回村寨。这时,全村的男女老少便穿着自己最漂亮的衣服,牵着耕畜一起来到准备开耕的那块耕地上。大家欢欢乐乐地分成几摊子,喝茶饮酒。茶酒之后,由几个男人在开耕之处烧香、竖经幡、高唱颂词、祭祀神灵,准备试耕。一般说来,每户带来一对耕牛,由该户主妇向天敬酒三次,在耕牛脑门上抹三道酥油,以示吉祥。新耕的第一犁,由当年属相的妇女撒出吉祥种子,然后开始翻耕。敬神仪式之后,还要举行跑步、角力等娱乐活动

7.回族文化

(1)风俗

【日常礼仪】

在日常生活中,见面都要问安。

来客:先倒茶,上瓜果点心或自制面点招待,所有家庭成员都来与客人见面。若遇上老年客人,还要烧热炕请老人坐——当然是指冬天,敬"五香茶"或"八宝茶"。

送客:全家人都要一一与客人道别、祝福。有时远客、贵客还要送出村庄或城镇才分手。

【忌讳】

饮食:禁食猪、狗、驴、骡、马、猫及一切凶猛禽兽,自死的牲畜、动物以及非伊斯兰教徒宰的牲畜,禁止抽烟、喝酒等。

【信仰】:禁止崇拜偶像等。

【社会行为】:禁止放高利贷,玩赌等。

(2)服装

回族服饰有鲜明的民族特色。其所保持的传统的中亚穿衣打扮,最显著的特征便是:穆斯林服饰——男子多带小白帽,女子带各种花色的头巾,男子多留有大胡子。

【圆帽与头巾】

回族服饰的主要标志在头部。

圆帽:分两种,一种是平顶的,一种是六棱形的。讲究的人,还在圆帽上刺上精美的图案。白色的圆帽普遍受男子们欢迎。

盖头(头巾):除了起到宗教作用之外,头巾的色彩另有它用:

表7.1　　　　　　　　　　　　回族妇女的头巾

年龄/婚否	色彩	作用
老年妇女	白色	洁白大方
中年妇女	黑色	庄重高雅
妇女	黑色	庄重高雅
未婚女子	绿色	清新秀丽

已婚妇女也可以选择戴带沿圆帽,白色或黑色都可。

(3)建筑

在中国修建清真寺,一定是既照顾到伊斯兰教的教规,也照顾到中国传统建筑规矩;既符合传统哲学,也符合阿拉伯审美标准。可以说,传统建筑风格的中国清真寺,正是中西文化结合的产物。并具有以下特点:

其一,坚持伊斯兰教的基本原则。

按教义,大殿内不设偶像、不搞偶像崇拜;按要求,寺内的圣翁皆背向麦加克尔白(对我国,麦加克尔白在正西);按功能,寺内设礼拜大殿、沐浴室等。明显区别于其它宗教建筑,表现了清真寺的宗教特点。

其二,布局的完整性,符合中国传统建筑规矩。

其建筑以一定的中轴线排列,具有完整的空间。

采用中国传统的四合院形制。其间每一院都有独特的功能和艺术特色,又井然有序,展示了一个完整的建筑艺术风格。

其三,建筑工艺的中阿结合性。

阿拉伯的特点:采用白、蓝、绿等冷色布置大殿,体现了穆斯林喜欢的审美心态。在重点装饰的天棚圣龛饰以彩画和金色花卉等图案,还嵌砖雕、挂金匾。

第七章 少数民族文化

中国的特点：在大殿外，或精雕细刻、或雕梁画栋、或置以香炉、屏风，使寺院充满富丽堂皇的气氛。还采用博古图案、梅竹图案、吉祥动物图案或阿拉伯文字作装饰，使寺院既富丽堂皇，又具有庄严神圣的宗教气氛。

其四，寺院中国园林化。

我国回族清真寺内，往往小桥流水，山石叠翠，遍植树木花草，洋溢着浓郁的生活情趣，使人在崇敬之余，产生亲切感。这符合中国传统哲学，因而肯定是美的。

（4）节庆

节日有肉孜节（开斋节）、古尔邦节、诺鲁孜节等。

【开斋节（肉孜节）】

在回历每年9月，从见新月到下月见新月终的一个月里，凡男子在12岁以上，女子9岁以上，都要把斋。也就是说，从日出后到日落前，不得进食，直到回历十月一日开始为开斋。届时要欢庆3天，家家宰牛、羊等招待亲友庆贺，并要做油香、馓子等多达二、三十种节日食品。

不过，病人、老人、怀孕的妇女、小孩，一般不在此列。如果经过阿訇批准，也可以斋月照常饮食。

以色列曾经在斋月突袭阿拉伯人，取得大胜。据说，部分阿拉伯军队斋月也不把斋。

【古尔邦节】

回历十二月十日，一早起来，什么都别吃——可以喝水。信徒首先到清真寺做礼拜。然后宰牛献牲。用来献牲的牛羊，要体态端正，无缺损——也就是毛色要好、健康的牲畜；宰后的牲畜按传统分成三份，一份施散济贫，一份送亲友，一份留自己食用，但不能出售。

因此这个节日也叫献牲节。

8. 维族文化

"维吾尔"是维吾尔族的自称，意为"团结"或"联合"。维吾尔族主要聚居在新疆维吾尔自治区天山以南的喀什、和田一带和阿克苏、库尔勒地区，其余散居在天山以北的伊犁等地，少量居住在湖南桃源、常德等地。

（1）风俗

【婚俗】

青年男女婚姻自由，一夫一妻制，婚礼隆重热烈。

【丧葬】

按照伊斯兰教教规，实行土葬。人死后净身并用白布裹身，用移尸木匣抬到墓地入葬。

【礼节】

当路遇长者、亲友时：把右手掌放在左胸上，然后把身体向前倾30度，连说："艾斯拉姆艾来孔"。

当行路人无处进餐和住宿时：主人虽不相识，也会殷勤招待；家里来了客人，全家都出来欢迎，然后女主人以十分真诚的态度，用盘子端来茶水。

【孝顺长者】

走路让长者走在前面、谈话让长者先谈、入坐让长者坐在上座、吃饭先端给长者、小辈在长者面前不喝酒、吸烟；到别人家去，一定要让年长的人先进门。老人无论到哪里去作客，他骑的马不论是卸鞍子，还是饮马、喂马，都由年轻人去做，走时，年轻人给老人备鞍，扶老人上马；老人吃饭时或到别人家里去，常常双手摸脸做"都瓦"（祝福仪式）。

【禁忌】

吃饭或与人交谈时，忌擤鼻涕、打哈欠、吐痰；

饭毕有长者领作"都瓦"时，忌东张西望或站起；禁食猪肉、驴肉、狗肉、骡肉和自死的畜肉及一切动物的血。

青壮年妇女一人在家时忌外人进去；新婚夫妇的洞房忌随便闯入；见到门上挂有红布条，表示妇女分娩或小孩出疹子，忌外人入内；不要和妇女开玩笑。

忌背后议论别人的短处；禁止在住地附近、水源旁边、墓地、清真寺周围和果树下面大小便、吐痰或倒脏水；禁止携带污浊之物进入墓地和清真寺；禁止在墓地附近修猪圈、厕所，不许牲畜在墓地内乱跑，不许从墓地上取土；不得用自己的水桶或罐子在水井或涝坝内打水，要先用公用水桶打水，然后倒入自己的桶或罐内；北疆地区，禁止在长辈面前讲诙谐或揶揄的语言。

(2) 服装

男子服饰：穿长袍，称为"袷袢"，右任斜领，无扣，腰系长带。

农村妇女：多穿宽袖连衣裙，外套黑色对襟背心；城市妇女：多穿西式短上装和裙子。男女喜戴绣花小帽，称为"朵帕"。女子还喜爱耳环、手脱项链等作为装饰品。男女均喜着皮靴。

花帽新疆花帽历史悠久,品种繁多。维吾尔语音译为"朵帕"。维吾尔、哈萨克、柯尔克孜、回等民族均喜戴花帽。一般都用黑白丝线或彩色单线绣出各种民族形式的花纹图案,以绣花、挑花、绊金、绊银、串珠等方法,用手工缀纷而成。花帽的式样,花色不仅因民族而异,且有地域差别。不过各种花帽均具有精巧美观、绚丽多彩的特点,只看一眼也会使人得到一种美的享受。

衣着忌短小,上衣一般要过膝,裤腿达脚面,忌户外着短裤;屋内就坐,忌双腿伸直,脚底朝人。在公共场合忌光着上身,更不能穿着背心、裤衩到别人家里去。

(3)建筑

维吾尔族住房一般是泥土建筑,用天窗采光,屋内设有壁炉,屋顶平坦,可以晾瓜果和粮食。

(4)节庆

节日有肉孜节(开斋节)、古尔邦节、诺鲁孜节等。无论是否节日,都乐于、善于歌舞。

维吾尔族能歌善舞,"十二木卡姆"是传世音乐作品。舞蹈有单人舞、双人舞、集体舞等,女子舞姿轻盈优美,旋转快速多变;男子动作热烈奔放,强悍刚劲。

传统保留节目有赛乃姆、刀郎舞、顶碗舞、大鼓舞、铁环舞、普塔舞、婚礼舞、麦斯舞等。

当代创作的摘葡萄舞、种瓜舞、新疆好、我的热瓦甫等舞蹈均为上乘之作。

麦西莱甫是维吾尔族民间群众娱乐形式之一,每逢节日、喜庆或休闲时刻,人们会聚在一起,唱歌、跳舞,表演杂技、魔术等。

9.蒙族文化

(1)风俗

【待客之礼】

对来客,不论熟、生,往往都十分热情。1.总是热情问候:"他赛音百努。"(安好)。2.主人把右手放在胸前,微微躬身,请客进蒙古包,全家老少围坐,好似自家。3.喝奶茶之后,请客人痛饮饱餐草原美食。在包里作客,主人躬身端奶茶,客人应欠身双手去接。包内西北角为供佛的地方,睡觉时脚不能伸向西北角。不宜用烟袋或手指人头。锅灶不许用脚踩碰,不能在火上烤脚,否则等于侮辱灶神。

若想对客人表示特别敬意,有几种方式:1.奶壶、酒壶托在哈达上端出来,有时还唱一些表示欢迎和友好的歌曲来劝酒,客人接杯畅饮,主人就格外高兴。2.遇到宴会请特别尊贵的客人或祭典,常摆整羊席。3.告别时,常常举家送客,指明去路,并一再祝福。4.献哈达,以示敬意祝贺。5.递鼻烟壶:是蒙古民族古老的习俗,是殷勤好客的表现。

【马背上的礼节】

去程:骑马、坐车接近蒙古包时,就要轻骑慢行的,以免惊动畜群;

逗留:在进蒙古包以前马鞭和马棒要放在门外,如带入包内,则被看作对主人的不尊敬。

回程:出蒙古包后,不要立即上车、上马,要走一段路,等主人回去了,再上车上马。

(2)服装

【靴子】

蒙古靴子分马靴和蒙古靴两种;马靴分棉靴和单马靴。

马靴:用牛皮制成黑色,个别有紫色,年青人多爱穿,因为挺拔,秀气。

蒙古靴(香牛皮靴):有尖稍向上翘的;靴子外面的梆通常有图案;靴子里面有衬皮,有的衬毡;靴身宽大,靴可套棉袜毡袜。

仔细一琢磨,都是为了防寒。

【袍子】

蒙古族男女老幼都喜爱穿长袍。袍子也是有利于御寒的。

袍子:宽、大、袖长,下端左右一般不分岔,领子较高,纽扣在右侧;领口、袖口、边沿,常用漂亮的花边点缀,袍子的颜色,因地因人因季而异。

腰带:是穿蒙古袍子时所必备的,长有五米,原料有布料、绸缎;颜色和袍子相协调。

长袍利于干活,已撩就起来;也隔热、防寒。

【首饰】

平素牧区妇女一般不戴帽,多用红、绿等颜色的长绸子把头缠上,男子,夏季多戴鸭舌帽,冬季多戴羊皮、狐皮帽,式样是尖顶大耳或草原式斗笠帽。蒙古族妇女的首饰,逢年过节,喜庆宴会,访亲探友时用于头上的装饰。装饰品种类很多,材料也因贫富不同。比较讲究的,多用玛瑙、珍珠、宝石、金银等制成。

(3) 建筑

【蒙古包】

蒙古人住哪里？当然是蒙古包了。蒙古包是满族对蒙古族牧民住房的称呼。"包"满语是"家"、"屋"的意思。古时称作"穹庐"、"毡包"。

蒙古人以前是游牧民族，逐水草而居。为了牛羊的草料，蒙古人得有一个移动的家－蒙古包。

形状：看起来像一种天幕式的住所，呈圆形尖顶。

材料：木桩、细木棍、牛皮绳、羊毛毡子一到两层。

设置：包通常用羊毛毡子一层或二层覆盖，百叶哈纳是用数根相等的细木棍和牛皮绳连结而成，用时拉开便成圆形的蒙古包墙，搬迁时折叠，又能当勒勒车的车板。包的顶端有个口就是天窗，可通烟通气，又可采光。

蒙古包分两种。一种是牧区夏季用的，为移转式的；一种是冬营地为半固定式的。蒙古语称移转包为"乌尔郭格尔"。

蒙古包在大雪中阻力小，不积雪，下雨时包顶不存水。包的门方长而小且连地面，寒气不易侵入。

(4) 节庆

那达慕大会是蒙古族历史悠久的传统节日，每年七八月间举行。

那达慕源于摔跤、射箭、赛马三项竞技，在蒙语中是娱乐、游戏的意思。它现已成为草原上庆丰收、进行物资交流和举行民间体育活动的隆重集会

【分析题】

> 为什么哈达在蒙古人中，如此珍贵？

第八章 境外旅游文化

璀璨的境外(这里所说的是"境外",不是国外)文化是中国公民出境旅游的动机。同时,也是我们中国人走向世界所不得不面对的挑战。

一、中国出境旅游

1994 年至 2003 年,中国累计出境近 1 亿人次,年均增长 13.87%。

2003 年,出境总人数达 2022 万人次,中国已跻身全球出境旅游消费前十位,成为全球增长最快的新兴客源输出国。

2004 年全年全国接待入境游人数达 1.09 亿人次,分别比 2003 年和 2002 年增长 19% 和 11%,接待的入境过夜游客人数居世界第四位。旅游外汇收入达 257 亿美元,分别比 2003 年和 2002 年增长 48% 和 26%,跃居世界第五位。

截至 2007 年底,中国政府已批准的出境旅游目的地达到 134 个,出境旅游组团社达 800 家,已经成为亚洲增长最快的新型客源输出国。

据世界旅游组织预测:到 2020 年,中国将成为世界上第四大客源输出国和第一大旅游接待大国,接待入境旅游者将达 1.37 亿人次,旅游总收入相当于全国 GDP 总值的 8%。党中央、国务院充分肯定了我国旅游业取得的巨大成就,提出到 2020 年把我国建成世界旅游强国的奋斗目标。

二、境外文化介绍

世界文化光辉璀璨,四大文明古国——古埃及、古印度、古希腊、古巴比伦最为夺目。现今的主要文明,都脱离不了这四大文明的源泉。

出境旅游者,应当对这四大文明,有基本的认识和了解。

1. 古希腊文化——西方文明的源泉

(1)地域范围

古希腊的地理范围,除了现在的希腊半岛外,还包括整个爱琴海区域和北面的马其顿和色雷斯、亚平宁半岛和小亚细亚等地。

(2)历史

公元前约20000年,爱琴海地区就孕育了灿烂的克里特文明和迈锡尼文明。大约在公元前1200年,另一支希腊人(多利亚人)的入侵毁灭了迈锡尼文明,希腊文明沉寂。

公元前8—公元前6世纪,希腊走上复兴之路,城邦逐渐发轫起来。民主制度,初现端倪。

公元前五六世纪,特别是希波战争以后,经济生活高度繁荣,产生了光辉灿烂的希腊文化,对后世有深远的影响。

(3)主要文化贡献

【古希腊数学】

古希腊数学分为三个时期:

一、从伊奥尼亚学派到柏拉图学派为止,约为公元前七世纪中叶到公元前三世纪;

二、亚历山大前期,从欧几里德起到公元前146年,希腊陷于罗马为止;

三、亚历山大后期,是罗马人统治下的时期,结束于641年亚历山大被阿拉伯人占领。

表8.1　　　　　　　　　　古希腊数学成就表

人名	成就
欧几里德	最著名的数学家,着有《几何原本》。奠定了欧洲数学的基础
丢番图	代数学鼻祖
阿波罗尼奥斯	圆锥曲线的研究
毕达哥拉斯	发现勾股定理、无理数
阿基米德	善用穷举法、趋近观念(十分接近现代的微积分)

【古希腊哲学】

古典希腊哲学,或称早期希腊哲学集中在辩论与质询的任务。在很多方面,它同时为现代科学与现代哲学铺设了道路。

表 8.2　　　　　　　　　　　　　　古希腊哲学成就表

人名	成就
苏格拉底 Socrates	开创了"伦理哲学",使古希腊哲学产生了从单纯研究自然转向研究人类本身这一革命性转变,成为西方哲学传统中最重要的偶像。他采用的"诘问式"教育方法对西方的思维方式有极为重要的贡献。
柏拉图 Plato	受教于苏格拉底,并教导了亚里士多德。他最著名的作品,《理想国》(希腊语：Πολιτε？α；英语：The Republic)描绘了他幻想的"完美"国家。他也写了《律法》和许多苏格拉底的对话录。柏拉图写下了他的哲学观点,并留下相当多数量的手稿。
亚里士多德 Aristotle	与柏拉图并称为对西方思维方式产生重要影响力的两人之一。

【古希腊文学】

古希腊文学是是欧洲文学的第一个高峰,是整个西方文学的源头。

表 8.3　　　　　　　　　　　　　　古希腊数学成就表

人名	成就
荷马	《荷马史诗》是西方文学史上最早的正式的书面文学作品。史诗包括两部,分别是《伊利亚特》(一译《伊利昂纪》)和《奥德赛》(一译《奥德修纪》),相传作者是大致生活于公元前 10 世纪至 8 世纪之间的盲人诗人荷马,不过目前更流行的观点是《荷马史诗》是包括荷马在内的许多人集体创作并反复修改过的。
伊索	他一生创作了许多寓言故事,现在只有公元前 4 世纪的一些古代作家整理编纂的 120 余则,也就是《伊索寓言》流传了下来。
赫西俄德	代表作包括教谕诗《农作与时日》和《神谱》。他的创作风格和荷马非常相似。

【民主时代】

公元前 6 世纪到公元前 4 世纪这段时期,是古希腊世界的全盛时期,各城邦都得到繁荣的发展,雅典在工商业方面日益发达,并建立了奴隶主民主制,这就是所谓的"民主时代"。

这个民主时代有几个特点：

第一，最高权力机关由全民选举产生。

具体来说，就是国家不设国王，最高权力机构是全体公民大会！公民抽签产生全体公民大会，共同对国家事务进行商议。

第二，雅典实行民主化程度最高的"直接民主制"。

也就是说，最高权力机关的成员，很可能就是你的邻居，或者一个街边的商贩。在伯里克利时代，雅典所有的官职向全体公民开放，任何人都可以通过抽签选举方式（十将军除外）担任政府中的各级官职。

第三，实施任期制。

雅典的政府官员都有任期，通常为一年，而且大多数的官职，不得连选连任，以避免结党营私。

第四，集体负责，反对独裁。

雅典实行委员会制，凡是重大事务均由集体作出决定，由集体负责。而不是由一个人说了算，从而避免了专制独裁。

最后，采用陶片放逐法，防止野心家。

从克利斯提尼时代开始，雅典用陶片投票选举出可能对雅典的民主政治构成威胁的人，如果某人得票数超过6000，就会被放逐到国外，10年以后才能返回。陶片放逐法使政治野心家无机可乘。

这一民主政治，不仅是古代希腊的典范，也不仅仅是欧洲的典范，而是整个古代世界的典范。这一民主政治，是人类历史的首创，直接影响了后世的政治制度！

【戏剧】

古希腊文学成就最高的是戏剧。

古希腊历史上诞生了著名的三大悲剧诗人，他们代表了古希腊悲剧艺术"兴起——繁荣——衰落"各个时期的最高成就。

希腊文明的中心逐渐由雅典迁移至埃及的亚历山大港之后，希腊文学的特点也产生了变化，脱离现实，讲求辞藻，追逐伤感情调。在戏剧界，新喜剧逐步出现。

表8.4　　　　　　　　　　　　古希腊戏剧成就表

人名	成就
埃斯库罗斯	被誉为"悲剧之父"，是整个古希腊戏剧的第一位大师，对整个西方戏剧艺术的发展产生了深远的影响。最大的贡献是在表演中引入了第二个演员，改变了过去古希腊戏剧中只有一个演员和歌队共同演出的传统模式，为戏剧情节的发展和戏剧道白的丰富多彩提供了可能和便利条件。有7部作品传世，包括《俄瑞斯忒亚》三联剧（《阿迦门农》、《奠酒人》和《复仇女神》）、《乞援人》、《波斯人》、《七将攻忒拜》和《普罗米修斯》。
索福克勒斯	被誉为"戏剧艺术的荷马"。其代表作《俄狄浦斯王》是标志着希腊悲剧艺术完美结构的典范。以倒叙"追凶"的方式讲述了俄底浦斯王发现自己就是"弑父恋母"的罪魁祸首。其悲剧的感染力特别使人震撼。也使"俄底浦斯情结"被后世心理学家当成了"恋母情结"的代名词。
欧里庇得斯	被誉为"心理戏剧的鼻祖"，其代表作《美狄亚》写取回金羊毛的英雄依阿宋的妻子美狄亚，为了复仇，不惜杀害自己的孩子。在后来的女权主义者看来最早提出了妇女问题。
阿里斯托芬	是整个欧洲的喜剧之父，他奠定了以滑稽形式表现严肃主题的喜剧传统。一生共写过44个喜剧剧本，完整流传下来有11部，比较著名的包括《巴比伦人》、《云》、《鸟》、等。其中《鸟》是最优秀的作品。
米南德	古希腊新喜剧的先驱和代表人物，共写过105部喜剧，包括《恨世者》、《萨摩斯女子》等。他作品中比较复杂的爱情背景，特别注重剧中人物性格的刻画，深刻的影响了莎士比亚等16、17世纪英国剧作家。
忒奥克里托斯	是希腊化时代田园诗的首创者。

【建筑】

古希腊建筑是西方文化的重要代表。它的梁柱结构，它的建筑构件特定的组合方式及艺术修饰手法，深深地久远地影响欧洲建筑达两千年之久。因此我们可以说，古希腊的建筑是西欧建筑的开拓者。

第一个特点是：平面构成为1：1.618或1：2的矩形，中央是厅堂，大殿，周围是柱子，可统称为环柱式建筑。

第二个特点是：柱式的定型。共有四种柱式：1.陶立克柱式，2.爱奥尼克柱式，3.科林斯式柱式，4.女郎雕像柱式。

第三个特点是:建筑的双面披坡屋顶形成了建筑前后的山花墙装饰的特定的手法。

第四个特点是:崇尚人体美与比例的和谐美。

第五个特点是:建筑与装饰均雕刻化。

2. 古印度文明

(1)地域范围

喜马拉雅山以南的印度次大陆。

(2)历史

从大的方面来说,古印度文化可以分为两个时期:史前印度时期和古代印度时期。

史前印度:公元前600年以前为史前印度时期。最重要的文化为印度河流域文化(又称哈拉帕文化)和恒河文化。印度河流域文化是青铜时代的文化,消逝于公元前1750年左右。恒河文化昌盛是为印度著名的吠陀时代,后期出现了四个阶层:首陀罗为最低层,吠舍为中层,刹帝利和婆罗门为上层。

古代印度:公元前600年~公元800年的古印度,出现了四个转化:瓦尔纳(阶层)制确立了,并向种姓制度的转化;部落社会同化并向国家的转化;授地制的兴起及其向封建制的转化;新婆罗门教兴起及其向印度教的转化。

古代印度时期,除了佛陀时期以为,可以王朝的更替作为标准来看待这段历史。

可以分为:佛陀时期:(公元前600~公元前2世纪)、孔雀王朝时期(公元前322~公元前185)、外族入侵时期(公元公元前200~公元200)、萨塔瓦哈纳时期(公元公元前100~公元200)、笈多王朝时期(公元320~公元540)、戒日王时期(公元606~公元647)、古代南印度(公元公元前200~公元750)。

(3)主要文化贡献

【印度文学－史诗《摩诃婆罗多》和《罗摩衍那》】

印度文化内涵的核心,是宗教! 是一律崇信轮回转世学说的宗教。而形成这样的宗教的核心,是印度文学的两大不朽的史诗《摩诃婆罗多》和《罗摩衍那》。

这两大史诗被翻译成许多地方语言,在南亚次大陆广为流传。在民众中更是普及的,是根据这两部史诗改编的故事、戏剧传说。南亚次大陆的人民,在阅读共同的经典、观赏共同的戏剧、讲述共同的故事。可以说,两大史诗不仅是印度文化的重要组成部分,还是宗教的核心,起着统一印度文化的重要作用。

【种姓制度】

种姓制度主要存在于印度教中,对伊斯兰教和锡克教都有不同程度的影响。

印度的种姓制度将人分为四个不同等级:婆罗门、刹帝利、吠舍和首陀罗。婆罗门即僧侣,为第一种姓,地位最高,从事文化教育和祭祀;刹帝利即武士、王公、贵族等,为第二种姓,从事行政管理和打仗;吠舍即商人,为第三种姓,从事商业贸易;首陀罗即农民,为第四种姓,地位最低,从事农业和各种体力及手工业劳动等。后来随着生产的发展,各种姓又派生出许多等级。除四大种姓外,还有一种被排除在种姓外的人,即"不可接触者"或"贱民"。他们的社会地位最低,最受歧视,绝大部分为农村贫雇农和城市清洁工、苦力等。

种姓制度已经有三千多年的历史,早在原始社会的末期就开始萌芽。后来在阶级分化和奴隶制度形成过程中,原始的社会分工形成等级化和固定化,逐渐形成严格的种姓制度。

种姓是世袭的。几千年来,种姓制度对人们的日常生活和风俗习惯方面影响很深,种族歧视至今仍未消除,尤其广大农村情况还比较严重。

【因明学—逻辑学】

哲学方面,创立了"因明学",相当于今天的逻辑学。

【阿拉伯数字】

在自然科学方面,最杰出的贡献是发明了目前世界通用的计数法,创造了包括"0"在内的10个数字符号。

所谓阿拉伯数字实际上起源于印度,只是通过阿拉伯人传播到西方而已。

【宗教】

古代印度的凝聚力量主要是宗教,宗教以外的凝聚力是较微弱的。如果你说印度文化的实质是宗教,估计反对的印度人不多。

印度的宗教,有如下特点:

第一,各宗教哲学派别的学说有很大的不同,但几乎所有的派别都接受业报轮回的学说,并都将摆脱轮回达到解脱树为人生最高的目的。

第二,探讨纷繁世界背后的统一性和接近这个统一的途径是知识分子都关心着相同的问题。

第三,在次大陆的广大乡村,印度教习俗和印度教精神同样发挥着重要作用。

第四，共同的经典、传说。详见上文。

第五，强大的印度教精神、习俗氛围。

从喜马拉雅山的雪山之巅，到恒河平坦的三角洲上，崇奉湿婆和毗湿奴的庙宇的尖顶高耸着。城乡人民都崇信之。

甚至连外来的征服者，都不可避免：旃陀罗笈多皈依了耆那教，阿育王成了圣者，希腊人国王弥南陀虚心地向佛教徒请教，残暴的游牧民族首领迦腻色伽王最后成了虔诚的佛教信徒，阿克巴大帝几乎皈依了印度教。

圣雄甘地，离我们最近的圣者，在本世纪内奇迹般统一了印度全境的伟人，与其说是一个政治家毋宁说是一个圣者。

公元前6世纪，在古代印度还产生了佛教，后来先后传入中国、朝鲜、日本，成为这三个国家文化内核中不可分割部分，在东亚深入人心。

【音乐、舞蹈】

印度宝莱坞的歌舞片，反映了歌舞浸透了印度人的生活这一文化现实！

我们也注意到，印度传统音乐与宗教密不可分的关系：传统音乐的基础是"自然"、歌曲的内容源于北印度的宗教仪式。歌曲保持一种简洁、纯美的圣诗感觉。即使你听不懂歌词，也能体会到自然的神圣与平和。

Natyam是印度最古老的舞蹈之一，意思是"舞蹈的艺术"。它的特点是：1.强调舞蹈的节奏感；2.伴奏音乐必须悦耳动听；3.由庄重的诗歌和风格纯朴的音乐组成；4.每一支Natyam的个人风格都十分强烈。

Natyam本来是用于祭祀的舞蹈，最初由神庙舞女在庙宇里表演。现在，这种传统的舞蹈在一股复古的潮流中再度兴起。古时候的Natyam一般是独舞，而现在群舞更为流行，效果比独舞更胜一筹。时至今日，Natyam更发展成一套讲究技术的艺术体系。

3.古巴比伦

这个民族最早发现、创造或记录的事物有27项之多，从最早的农历、最早的学校、最早的史诗到最早的爱情歌曲，都出现在古代巴比伦。

(1)地域范围

在今天的伊拉克境内，位于苏美尔(Sumer)地区，在底格里斯河(Tigris)和幼发拉底河(Euphrates)之间中下游地区。

(2) 历史

【苏美尔早期王朝】(苏美尔城邦时代)

公元前 4000 年左右来自东部山区的苏美尔人是两河流域文明最早的创造者。公元前 3000 年,苏美尔人就在两河流域建立了众多城邦。

从公元前 2900 年开始,苏美尔城邦进入一个"诸国争霸"的时代。比较大的城市有埃利都、基什、拉格什、乌尔和尼普尔。

【阿卡德王国时期】

阿卡德王萨尔贡建立了君主制的集权国家,统一了苏美尔地区,苏美尔城邦时代宣告结束。

【苏美尔复兴时期与乌尔第三王朝】

乌尔纳姆(Ur-Nammu)在约公元前 2113 年在乌尔建都,统一了美索不达米亚,建立了乌尔第三王朝(公元前 2111 年~公元前 2003 年),在位期间称霸美索不达米亚南部诸城邦,乌尔纳姆开始自称"苏美尔和阿卡德之王"。

【古巴比伦王国的兴盛】

公元前十九世纪中,阿摩利人灭掉苏美尔人的乌尔第三王朝,建立了以巴比伦城为首都的巴比伦王国。古巴比伦王国是美索不达米亚南部奴隶制城邦,以巴比伦城为中心,大致在当今的伊拉克共和国版图内。

【新巴比伦王国(迦勒底王国)】

新巴比伦王国由闪米特人的一支迦勒底人建立。他们于公元前 1000 年代初来到两河流域南部定居。公元前 539 年,波斯人居鲁士二世率军入侵新巴比伦王国时,祭司竟打开大门放波斯军队入城,伯沙撒被杀,那波尼达被俘,新巴比伦王国不战而亡。

(3) 主要文化贡献

【学校】

20 世纪 30 年代,考古学家在幼发拉底河畔南部的马里城(Mari)挖掘出一所约公元前 2100 年的学校遗址,被认为是根据考古发掘所知的最古老的学校。

这个学校有教室:包括一条通道和两间房屋,大间房屋长 44 英尺,宽 25 英尺;小间面积为大间的三分之一。

教室里面有桌椅:大间排列着四排石凳,每条可坐 1 人、2 人或 4 人,共容 45 人;小房排着三排石凳,共可容 23 人。

采光不错:两房四壁无窗,从房顶射入光线。房中没有讲课的讲台或讲桌,却放着许多学生的作业泥板。

这是人类最初的学校教育摇篮,也是人类正式教育的起点。

【数学】

古巴比伦时代的科学以数学和天文最为发达,计数法采用十进位和六十进位法。六十进位法应用于计算周天的度数和计时,至今为全世界所沿袭。

在代数领域,古巴比伦人可解含有三个未知数的方程式。

乘法表在古代并非中国一家独有,古巴比伦的泥版书上也有乘法表。但汉字(包括数目字)单音节发声的特点,使之读起来朗朗上口;后来发展起来的珠算口诀也承继了这一特点,对于运算速度的提高和算法的改进起到一定作用。

【天文学】

在天文学方面,则已知如何区别恒星与行星,还将已知的星体命名。当时的历法为太阴历,将一年分为12个月,一昼夜分为12时,一年分为354日。为适应地球公转的差数,已经知道设置闰月。古巴比伦人在天象观测方面的长期积累,使后来的新巴比伦人能预测日月蚀和行星会冲现象,并进一步推算出一年是365天6时15分41秒,比近代的计算只多了26分55秒。

【汉谟拉比法典】

公元前18世纪,出现了人类社会有史以来的第一部完备的成文法典——史称《汉谟拉比法典》,堪称人类社会法典领域的开先河之作,是人类社会走向法制化的开端!这具有划时代的伟大历史意义!世界上最早法典叫《乌尔纳木法典》。

法典出现在古巴比伦王朝汉谟拉比统治时期(公元前1792-前1750年)。这部法典将楔形文字和人像浮雕刻在一个2.25米高的黑色的玄武岩圆柱上。除序言和结语外,这部法典共有条文282条。包括诉讼手续、损害赔偿、租佃关系、债权债务、财产继承、对奴隶的处罚等。规定人分为3等:1.有公民权的自由民。2.无公民权的自由民。3.奴隶:王室奴隶、自由民所属奴隶、公民私人奴隶。法典还详细规范了国王、奴隶主与自由民、奴隶之间的阶级关系,还规定保护孤寡等。

这部由古巴比伦国王汉穆拉比(约公元前1792~前1750年)领导制定的世界第一部法典的石碑原件现保存在法国的卢浮宫博物馆。

【空中花园】

新巴比伦王宫的"空中花园"被列为世界七大奇迹之一。

这座方正的"空中花园"周长500多米,建在23米高的人造山上,古称"悬苑",是新巴比伦王国尼布甲尼撒二世(公元前604-前562年)王朝的王宫花园。园中遍植珍奇花木,宛如人间仙境。

三、旅游者看境外文化

我国游客出境旅游所使用的语言主要是英语,英语也是国际上通用度最好的语言(至少目前如此)。因此,选择的国家基本都是英语国家/地区,或者英语通行的国家/地区。还将详细介绍中西文化融合地比较好的地区,也就是和广东省经济贸易往来比较密切的地区的文化;当然,一些目前在世界上比较先进或者更准确地说在世界文化中占主导地位的一些国家和地区的文化也是需要介绍的。

当然,书中所有这些国家和地区,都是我国出境旅游的热点地区。

1. 美国文化

(1) 历史

美国的全称为美利坚合众国。

1~2.5万年前,美国这片大陆的居民是印第安人。

1492年,哥伦布在西班牙的支持下发现了美洲新大陆。从此,旧大陆——欧洲的西班牙、荷兰、瑞典、法国、英国等国家的居民相继向美洲移民。

从16世纪开始,西、荷、瑞、法、英等国先后在北美大陆上建立殖民地。历史上臭名昭著的黑奴贸易开始。北美殖民地的居民和当时统治他们的英国殖民者之间的矛盾,随着英国对殖民地剥削、掠夺的加强,越来越激烈。

1775年4月19日,波士顿人民打响了美国独立战争的第一枪。

1776年7月4日,13个殖民地的代表聚集在费城召开了第二次大陆会议,集体通过了由杰斐逊等5人起草的《独立宣言》,庄严宣布美利坚合众国的建立。

1787年,通过了美国宪法,成为名符其实的美利坚合众国。

1789年,乔治·华盛顿当选为美国第一任总统。

到19世纪60年代,通过驱赶印第安人的西进运动,"购买"土地,美国领土扩展到太平洋沿岸。第二次世界大战以后又将美国大陆以外的阿拉斯加和夏威夷变为两个州,最后构成了美国今日的领土。

1861年,美国南北战争爆发。这场战争历时4年,最终以北方的胜利作为结局。

第八章 境外旅游文化

在两次世界大战中,美国不仅未遭到战争的破坏(远离战场),而且还乘机在经济、政治、军事实力以及国际威望等各方面都进一步增强。

上个世纪中期,美国成为超级大国,与前苏联进行"冷战"。

1972年2月27日,中美双方在上海发表了推动两国关系走向正常化的联合公报。

1979年1月1日,中美两国正式建立外交关系。

80年代末,苏联的解体。美国成为世界上唯一一个超级大国。

美国发动的战争最多:上世纪90年代初的海湾战争,阿富汗战争、伊拉克战争。

2001年9月11日的"9·11"事件,彻底粉碎了美国人长期以来一致认为美国国土绝对安全,美国本土是世界上最好的乐土的心态,也揭开了世界全面反恐斗争的序幕。反恐,已经在世界范围内成为政治问题。

(2)地理

美国位于北美自然环境大陆的中部,领土还包括北美洲西北部的阿拉斯加和太平洋中部的夏威夷群岛。北面与加拿大接壤,南靠墨西哥湾,西临太平洋,东濒大西洋。国土面积962.9万平方千米,仅次于俄罗斯、加拿大、中国,处于世界第四位。全国共分50个州和1个特区(哥伦比亚特区)。

(3)主要城市

【纽约(New York)】

是美国第一大都市和第一大商港,它是全世界金融中心,还是联合国总部所在地,总部大厦坐落在曼哈顿岛东河河畔。曼哈顿岛是纽约的核心,是美国的金融中心。7家大银行中的6家以及各大垄断组织的总部都在这里设立中心据点。位于曼哈顿岛南部的华尔街,长度仅540米,却是美国乃至世界财富和经济实力的象征。著名的纽约证券交易所和美国证券交易所均设于此。旅游业兴盛。

纽约是摩天大楼最多的城市。代表性的建筑有帝国大厦、克莱斯勒大厦、洛克菲勒中心以及后来的世界贸易中心(2001年9月11日,世贸大楼遭恐怖分子袭击而倒塌)等。

【洛杉矶(Los Angeles)】

天使之城,是仅次于纽约的美国第二大城市。坐落在美国西海岸加利福尼亚州南部。它是美国科技的主要中心之一,拥有科学家和工程技术人员的数量位居全美第一,享有"科技之城"的称号,著名的硅谷就坐落这里。旅游业兴盛。

洛杉矶还是美国的文化娱乐中心:好莱坞、迪斯尼乐园、贝佛利山庄等等,使其享有"电影城"和"旅游城"的美誉。

洛杉矶是美国高速公路最发达的城市,也是全美拥有汽车最多的城市。

洛杉矶的文化和教育事业也很发达。这里有世界著名的加州理工学院、加利福尼亚大学洛杉矶分校、南加利福尼亚大学,亨廷顿图书馆、格蒂博物馆等。洛杉矶公共图书馆藏书量居全美第三位。

大量的移民使洛杉矶成为一个多民族、多种文化色彩的国际性城市,少数民族占全市人口的一半左右,并拥有众多移民社区,各色人种聚居的地区形成了各自的"城"。洛杉矶也是美国华人的主要聚集地之一,约有40万左右华人。

【芝加哥(Chicago)】

是美国第三大城市,五大湖地区最大工业中心。位于伊利诺伊州东北部,密歇根湖西南端。

芝加哥在国际工人运动中有着光荣历史,是国际"五一"劳动节(1886)和"三八"妇女节(1909)的发源地。

芝加哥是全国最大的钢铁和肉类加工工业基地,在卫星城加里有美国最大的钢铁联合企业,是世界主要的邮购中心。旅游业也很发达。

芝加哥是美国乃至世界最大的铁路枢纽,城市铁路线总长(1.24万多公里)和年货运量(5.12亿吨)均居世界各大城市之首。

城西北的奥黑尔国际机场是美国面积最大、客运最繁忙的机场,年旅客流量达3000 – 4000万人次。

【费城(Philadelphia)】

美国第五大城,宾夕法尼亚州最大城市,全称费拉德尔菲亚。位于该州东南缘。

费城在美国历史上占有独特地位,尤其是在美国独立战争时期。

1774 – 1775年两次大陆会议在此召开,通过独立宣言;

1787年在此举行制宪会议,诞生了第一部联邦宪法。

1790 – 1800年曾是美国首都。

费城港是世界最大的河口港之一。

费尔蒙特公园沿斯库尔基尔河延伸,占地1600公顷,是世界上最大的城市公园，内有1876年美国独立百年博览会会址。

费城管弦乐团在国际上享有盛名。

【旧金山（San Francisco）】

位于加利福尼亚州西北部，美国西海岸中点，是太平洋沿岸仅次于洛杉矶的第二大港市。旅游业兴盛。

旧金山建有横跨海湾的金门大桥（长2734米），成为美国的象征之一。

旧金山为美国西部金融中心，是美国最大的银行美洲银行总部所在地。城郊农业发达，盛产蔬菜和亚热带水果，也是重要花卉产区。

旧金山城区中心街道呈格子状向东西、南北伸展。城市沿海岸线伸展，各式建筑物依山势而起伏，成为美丽的景致。

滨海山城的优美景色，丰富多采的风情，以及金门公园、水上世界公园、海滩、电报山等旅游点，每年吸引数以百万计的游客。

【波士顿（Boston）】

是美国东北部新英格兰地区最大港口城市，马萨诸塞州首府。

1770年发生英军枪杀当地平民的"波士顿惨案"。

1773年出现反英抗税的"倾茶事件"。

1775年4月在在这里打响了美国独立战争的第一枪。

美国著名的文化城。市内有16所大学，大市区有47所。有著名的哈佛大学（Harvard）、马萨诸塞理工学院（MIT）等。

波士顿交响乐团享有国际声誉。

(4) 美国人的文化特色

美国的发展历史决定了美国的文化特色。

一开始，从欧洲乘坐五月花号横渡大西洋，无论怎么看，都是冒险。

到美洲上岸了。远离故土的美洲，本身就是虫蛇遍地，满目荆棘。还得鼓足勇气才敢、才能留下来。

殖民地生活，充满了危险、危机！争取殖民度独立的斗争，依靠的是美国人民自己，人手一支枪，上战场杀敌。所以直到今天，美国人还是愿意自己持枪——相信自己能维持正义和自身利益。

无论是个人主义精神、创新精神、勤奋和冒险精神、物质和实用主义都是来自于美国人民的奋斗史。或者换句话说，正是美国人民的奋斗史，教会了美国人，没有这些精神,肯定无法生存。

宗教是支撑人们在艰苦岁月中艰难跋涉的精神支柱之一。奋斗的美国人,没有忘记道德、人道,他们更加热爱自己的国家——因为这个国家的建立,是人民亲手打造的!

因此,美国人追求个人主义(这是美国文化中最具特色的精神),但是却不自私自利,强调民主、自由、平等、博爱等个人权利,强调依靠自己的力量创造幸福。所以能够从世界各地,吸纳大量优秀人才!

因此美国人注重创新精神,否则就没有美国和美国梦!所以他们无论在政治制度(三权分立)、企业管理领域的理论和学说,以及其他科技、教育、文化、艺术等众多领域才能在世界上处于领先地位。

因此,勤奋工作和冒险精神是美国人推崇的成功的秘诀。偷懒,不是美国人的性格——旅游的时候除外!享受是享受,工作是工作。

因此,物质追求和实用主义是必须的,是生存必须的原则。这是十分艰苦而且危险的西部开发过程留给后世的财富。当然,他们赚钱与其是为了生存,更重要的是证明自己的价值和成就。他们物质,但绝对不惟物质。

因此,民族主义和爱国主义在美国长盛不衰。一个自由、平等、实用、勤奋的国家,让美国人认为自己的国家是最好的,自己的生活方式是最好的,因而他们对自己的国家和民族有一种自豪感和归属感,所以他们的民族主义和爱国主义思想表现得十分强烈。

美国是一个多民族、多种族的新兴国家。但是他的国民却都有着一种强烈的爱国主义和民族主义。凡是移民到美国的人都非常认同这个国家。到了国外的中国人回来以后反倒不适应自己国家的生活。这是因为美国强有力的国际地位为人们提供了安全稳定的政治安全保障和比较优越的生活条件。甚至有些人认为那些批评美国社会的公民是不爱国的。

(5)风俗习惯

【礼仪禁忌】

美国人在日常交往中比较随便,朋友之间见面通常只打招呼,较少握手。美国人一般只同那些不常见面的朋友握手,而不同经常见面的熟人握手。

女士优先。出入门、上下电梯、上车、上楼时女士在先,下车下楼时男士在先,以方便照顾女士。进餐时,要请女士先点菜,等等。

讲究礼貌语言。例如，请、谢谢、对不起。

【做客礼仪】

美国人热情、开朗。但是一般交情泛泛，很少有推心置腹的朋友。

首先，一定要事前预约。不要突然访问，充当不速之客。

其次，赴约要准时，不迟到不早退。万一临时有事不能赴约，一定要尽早通知。

第三，不要贸然登门拜访，最好在办公室见。

第四，如果登门，一般要带一些小礼物，如鲜花、软性酒、巧克力等。但不要抽烟（除非所有人都同意）。当然，随意翻看别人的物品为极不礼貌行为。

最后，谈话内容不要涉及到年龄、婚姻状况、收入、财产、宗教信仰等——除非你们混得很熟。

【服饰礼仪】

要注意以下几点：

1. 美国人注意服装的整洁；西装是最正式的着装。

2. 女性着装：不穿超短皮裙皮裤，会让人认为非"良家妇女"；女士不可在男士面前脱下自己的鞋子，或撩动自己的裙子的下摆，否则会令人产生引诱之嫌；

3. 在室内：拜访美国人时，进了门一定要脱下帽子、外套、墨镜；

4. 在户外：穿睡衣、拖鞋会客，或以这身打扮外出，都会被美国人视为无礼；出入公共场合时化艳妆，或是在大庭广众化装、补装，会被人视为缺乏教养，还可能令人感到"身份可疑"。

【餐饮礼仪】

餐桌礼仪有"六不"：

1. 进餐咀嚼时一般不发出声响；

2. 一般不需要替他人取菜；

3. 席间不允许吸烟，除非主人邀请；

4. 向别人劝酒不是一件礼貌的事情；

5. 当众化妆、换衣为不妥；

6. 餐桌话题一般不包括议论令人作呕之事。

【肢体语言】

美国人喜欢运用手势或其他肢体语言来表达自己的情感。但是要注意如下

几个"不要":

1. 盯视他人——也就是眼睛不要注视着对方眉毛之上、鼻子之下的部位;

2. 冲着别人吐舌头——表示蔑视;

3. 用食指指点交往对象;

4. 用食指横在喉头之前;

5. 在公共场合,不要蹲在地上,也不要双腿叉开坐;

6. 相处时,保持50厘米到150厘米为宜。

【其他注意事项】

花卉:偏爱山楂花与玫瑰花。

动物:美国人多喜欢狗。驴代表坚强,象代表稳重,他们分别是共和党和民主党的标志。驴象之争,就代指美国两党政治。白头雕是美国人最珍爱的飞禽,还是美国国徽的主要图案,蝙蝠被视为吸血鬼与凶神,令美国人反感。

数字:"13"、"3"是不吉利数字。星期五为不吉。

不适宜送给美国人的礼品有香烟、内衣、香水、药品以及广告用品。在美国千万不要搭理上前"卖药"的人,有可能是贩毒者。

2. 加拿大文化

(1) 历史

公元17世纪以前,加拿大和美国的历史基本相同。

17世纪初,英、法殖民者开始在加拿大建立永久性殖民地(新英格兰、新法兰西),开始对这片土地进行正式的殖民统治。英法的殖民,导致后来加拿大的英法文化之争。

1756－1763年的"七年战争",法国失败,加拿大成为英属北美的一部分。

1776年美国独立。忠于英国皇室的保皇党大量涌入加拿大。

尽管加拿大不断地取得了自治权,但依然是大英帝国的一部分。美国的南北战争使得整个美国真正统一。这使得忠于英国国王的加拿大人将所有的英国殖民地联合起来。

1867年7月1日,依据英国的北美法案,东加拿大、西加拿大、新斯科舍和新不伦瑞克共同组成了加拿大自治领。采用英国国会制度。

1931年,《西敏法案》(the Statute of Westminster)通过,巩固了加拿大宪法自治权。

二战后，加拿大在战后成为了世界第四大工业强国，并给加拿大人带来了高标准、高质量的生活，吸引了更多的移民到加拿大。

1980 年和 1995 年，魁北克两次公民投票，多数人仍希望保持国家的完整。

由英、法两个一直是对立的民族所创建，融合了多种外来文化、语言和宗教，以及原先的土著居民，加之本身地理环境的多样性，加拿大注定成为一个折中的国家。

求同存异是加拿大的座右铭。温和与容忍是加拿大联邦的特色，也是其得以生存的基础。

（2）地理

加拿大位于西半球北美洲的北半部。面积为 9,976,139 平方公里，是世界第二大国。从东面的 St. John's 圣约翰，纽芬兰省）到西面的 Victoria（维多利亚，卑诗省）长超过七千公里。美国是陆地上与加拿大唯一相连的国家，他们之间的国境线长达 5,500 余公里。加国的东部是大西洋，西部是太平洋，北部是北冰洋。

加拿大由十个省和三个特别行政区组成，拥有世界上最长的海岸线。

（3）主要城市

加拿大的主要城市有渥太华、多伦多、蒙特利尔、温哥华、魁北克市等城市。

【渥太华（Ottawa）】

渥太华是加拿大首都，位于渥太华河南岸，与魁北克省隔河相望，居民七十多万。在渥太华能领略三大人文景致和两大自然景观。

自然景观之一：秀丽的里多河横贯全城，为首都平添了几分秀色。之二：每年五月，渥太华都要举办郁金香节，届时能看到五颜六色怒放的郁金香。

人文景观之一：魁北克的法国风格和渥太华的英式情调。之二：渥太华的两所高等学府——渥太华大学和卡尔顿大学位于里多河岸边，风光秀丽，学术成就卓著。之三：渥太华有各式各样的博物馆，如加拿大国立美术馆、国立航空博物馆、加拿大文化博物馆、自然博物馆等。

这五大景致，不可不游。

【多伦多（Toronto）】

加拿大第一大城市，也是安大略省的省会。

多伦多是加拿大的金融中心，其工商业和银行业都很发达，可谓是加拿大的银行总部之都。

多伦多的标志性建筑之一是市政厅。标志性建筑之二是多伦多的电视塔,登顶远眺,都市风景一览无余。

文化艺术繁荣是多伦多的一大特点。其高等学府有多伦多大学和约克大学,是北美的知名高校。

【蒙特利尔(Montreal)】

坐落于渥太华和圣劳伦斯河交汇处,是加拿大第二大城市,魁北克省最大的城市。

由于位于魁北克省(法语居民居多),蒙特利尔的法国风情相当浓郁,被认为是北美的浪漫之都。由于传统保存得很好,在所有的北美大城市中,属蒙特利尔的欧洲风情最浓郁。

蒙特利尔不排外,市旗图案是由四朵小花组成的,分别代表最早建设蒙市的英格兰、法兰西、苏格兰和爱尔兰移民。

【温哥华(Vancouver)】

是加拿大第三大城市。该市冬暖夏凉、四季宜人,可称得上是全加拿大气候最好的城市,是中国公民访加必去的城市,旅游业非常发达。温哥华成为加拿大西海岸最大的港口和国际贸易中心。

温哥华还是加拿大西海岸的文化中心。不列颠哥伦比亚大学、西蒙·弗雷泽大学是该市两所著名的高等学府。

温哥华市内公园遍布,最负盛名的自然公园是史丹利公园,其象征北美印第安文化的图腾柱是史丹利公园的重要景观。

当然,温哥华还有着加拿大最大的华人社区。

【魁北克市(Quebec City)】

魁北克省的省会,是一座法兰西风味浓郁、历史悠久的文化名城,是北美洲所有城市中唯一被联合国教科文组织列入世界遗迹保存名单的城市。

走在鹅卵石铺成的旧魁北克城街道上,观赏着始建于17世纪的古老教堂和城堡,一种置身于历史的感觉油然而生。此外,国家战场公园、兵器广场、天主教圣主堂、小香兰区等也都是该市的旅游胜地。

(4)文化特色

在西方国家中,加拿大人、澳大利亚人和新西兰人的随和、友善是最为出名的。

而加拿大人的友善，更反映在文化领域。

【多元文化主义(Multiculturalism)】

这个词，是加拿大学者们针对本国的多元化的文化特征而提出的。原因有四：

第一，加拿大社会享有不同文化和不同民族资源。

在加拿大，全国共使用164种语言！这几乎囊括了全世界不同肤色、不同民族的不同宗教信仰、文化传统、民族意识和风俗习惯。

第二，二元制文化。

加拿大还是有自身的主体文化渊源的——英语文化和法语文化。这是历史造成的。这两种文化长期共存，互相尊重，互相补充。

魁北克省的法语居民，投票反对魁北克独立，就是这个二元文化制度运行良好的最好例子。

第三，不同文化之间相互尊重、互为补充。

二元文化制度，还带来一个重要的附加产品，就是无论加拿大人，还是加拿大政府、议会、法院，对不同的文化现象和理念的包容！在加拿大，人们认识到，互相尊重是前提；比如，中国人摆地摊卖熟食，得到了加拿大人的尊重。之后就是互相包容；比如，加拿大人其他人种的公民，也会在中国城的地摊买熟食吃，还乐此不疲。

第四，加拿大政府、议会、法院对多元文化社会持支持态度。

加拿大政府认为，加拿大要加强多元文化的特征，应该保持各民族文化的多样性。于是，加历届政府都将如何保持各种民族文化的特点，又能使他们和睦共处当作自己执政的一个重点工作。

现在，承认和鼓励多元文化已经写入了加拿大宪法中。加联邦政府承认各少数民族的文化为加拿大文化的一部分，一切非英、法裔公民在社会、法律、文化、教育、就业等方面都享有同等的权利。这在全世界，都是罕见的。

加拿大文化的标志有三：皇家骑警、冰球运动、枫叶

皇家骑警是加拿大的联邦警察，相当于美国的FBI；皇家骑警还提供国民警察服务，类似一个准军事部队，比如中国的武警，有部分重装备。

冰球在加拿大的地位，就像足球在巴西、乒乓球在中国一样；加拿大冰球运动在世界的排名也一样，是最高水平的。

加拿大人对枫叶有深厚的感情，把枫树视为国树，加拿大有"枫树之国"的美誉。

(5) 风俗习惯

【见面礼】

见面一般是握手。但是握手有讲究。首先是谁主动的问题。主动伸手表示友好、感谢和尊重。主人应对客人先伸手，客人告别时要先伸手。握手一般是右手，时间一般是3~5秒，轻轻相握，力度不要太大。

【公共场所礼仪】

加拿大人在公共场所非常讲究文明礼让，出门衣着整洁，注意公共卫生，没有人随地吐痰，自觉遵守交通规则，依序排队上车，尊老爱幼，女士优先，在公共汽车等场所主动给有需要的人让座。医院保持安静，在剧场、电影院、球场热情却不疯狂。

【待客礼】

加拿大人喜欢AA制。和他们外出吃饭或者喝咖啡，除非事先专门声明，否则就肯定是AA制；有时甚至是各自单独为自己买单。而在中国，正好相反。

加拿大人喜欢预约。在这点，美国人、英国人、德国人都一样；甚至连去玩，都要预约时间；这是计划性强的表现，也是盎格鲁－萨克森文化的特点。

加拿大人有宠物情结：喜欢宠物，尤其是狗；所以即使你很怕狗，讨厌狗，你也不要表现出自己对狗的厌恶。因为，狗往往被认为是家庭成员。

【餐桌礼】

对中国人来说，加拿大饮食文化中的"两无"文化，很有特点。

第一，无烟酒。

在加拿大有禁烟规定，并且必须年满16岁以上者方可购买香烟。对中国人来讲，不论是家里还是到酒店宴请朋友，一般都离不开烟酒，否则就有怠慢之嫌。然而，在加拿大请客吃饭则都不设烟酒。因为，在联邦政府大楼、电梯、银行、商店、学校及多数公共场所吸烟都是违法的。如发现有人在酒楼、餐馆吸烟不加制止或者是纵容其吸烟，可能会被处以5000加元罚款。对酒也是如此，如阿尔伯塔省规定，19岁以上者方可买烟，而烈性白酒则被禁止出卖。另外，餐厅、酒吧只可在早上11时到凌晨1时卖酒，饮酒者只能在领有酒牌的地方或住宅内喝酒，在这些地方以外饮酒都是违法的。

第二,无热食。

不是说加拿大人不吃热食,而是因为主人先将各式菜肴烧好,用碗、盘、碟等器皿盛好后,依次将各式菜肴摆在厨房内的餐桌上,待客人到齐后,供客人享用。因为菜肴烧得比较早,时间一长,也就成了凉菜,加拿大人称之为"冷餐宴会"。

在中国饮食文化中,主要的大菜主要是热食。冷盘,一般是餐前小点,或者只是供饮酒用。

有时候,还有第三"无"——无桌席。

在加拿大,有些宴请是不安排桌席的——尤其是冷餐会。通常是客人们手拿一次性塑料餐盒和叉子,排队自己动手随意先取食物,最后自找地方用餐。因为不排桌席,所以客人们取好饭菜后,各奔东西,有坐有站,随随便便,无拘无束。如自感腹中没有吃饱,还可以再去取食。

最后,一定要说实话。主人如果问你要喝什么、有什么要求,你最好实事求是回答,否则你就有可能得不到你想要的,还不能怨任何人。加拿大人不会像中国人,搞什么"三请三辞"。

吃饭的时候还要注意以下几点:最好每一样菜都尝一下;是应邀赴朋友宴会要准备礼物(鲜花、酒类),还要附一张签名的贺卡;赴宴结束后,一般在第二天或者第三天要打个电话去表示欣赏和感谢。

【忌讳】

忌讳"13"、忌讳问私人问题等,这些都是欧美国家共同的忌讳。

有的加拿大人认为吃饭将盐撒了不吉利,或者玻璃打碎了也不吉利。尽量避免发生此类事情。

3. 英国文化

(1)历史

公元1-5世纪大不列颠岛东南部为罗马帝国统治。

7世纪开始形成封建制度,七个王国争雄达200年之久,史称"盎格鲁-撒克逊时代"。

829年威塞克斯国王爱格伯特统一了英格兰。8世纪末遭丹麦人侵袭,1016年至1042年为丹麦海盗帝国的一部分。其后经英王短期统治,1066年诺曼底公爵渡海征服英格兰,加速了英国的封建化进程。1215年约翰王被迫签署大宪章,王权遭抑制。

1338年至1453年英法进行"百年战争",英国先胜后败。

15世纪末叶,随着英国毛纺织业的发展、资本主义萌芽在封建制度内部迅速发展,继而通过"圈地运动"和海外贸易等方式,进入资本主义原始积累时期。

1588年击败西班牙"无敌舰队",树立海上霸权。

1640年英国在全球第一个爆发资产阶级革命,成为资产阶级革命的先驱。

1649年5月19日宣布成立共和国。

1668年发生"光荣革命",确定了君主立宪制。1707年~1801年,英格兰与苏格兰、爱尔兰合并。

18世纪后半叶至19世纪上半叶,成为世界上第一个完成工业革命的国家。

19世纪是大英帝国的全盛时期,1801年,爱尔兰被并入英国版图。1914年占有的殖民地比本土大111倍,人口相当于本土的8倍多,是第一殖民大国,自称"日不落帝国"。第一次世界大战后开始衰败。英国于1920年设立北爱兰郡,并于1921年至1922年允许爱尔兰南部脱离其统治,成立独立国家。1931年颁布威斯敏斯特法案,被迫承认其自治领在内政、外交上独立自主,大英帝国殖民体系从此动摇。第二次世界大战中经济实力大为削弱,政治地位下降。

1947年印度和巴基斯坦的相继独立,到60年代,英帝国殖民体系瓦解。

(2)地理

英国全称"大不列颠及北爱尔兰联合王国",是地处大西洋的一个岛国。包括大不列颠、爱尔兰岛及周围众多岛屿。东濒北海,面对比利时、荷兰、德国、丹麦和挪威等国;西邻爱尔兰,横隔大西洋与美国、加拿大遥遥相对;北过大西洋可达冰岛;南穿英吉利海峡行33公里就到法国。

英格兰是国家的主体,也是人口最稠密的地方,位于大不列颠岛东南部,是早期日耳曼民族盎格鲁-撒克逊人的后代,讲英语,信奉基督教新教;全境13万平方公里,占大不列颠岛的大部分。

威尔士位于大不列颠岛的西南,主要是凯特人的后代,讲威士语,极富民族个性。境内有1/4的土地被列为国家公园及天然保护区。

苏格兰位于大不列颠岛北部,是从爱尔兰的凯尔特人以及盎格鲁-撒克逊人混合而成,有自己的语言盖尔语,不过现在大部分苏格兰人讲英语,不过,苏格兰英语与英格兰英语差异很大。苏格兰和其周围的许多小岛,面积共为7.8万平方公里。全境均属山岳地带,只有中部较为低平。

第八章 境外旅游文化

北爱尔兰，位于爱尔兰岛东北部，2/3 是英格兰人，信奉新教，有独立倾向。讲英语，1/3 的人口带有爱尔兰血统，信奉罗马天主教，反对北爱尔兰与大不列颠的统一，主张合并岛爱尔兰，讲爱尔兰语。北爱尔兰面积 1.4 万平方公里，隔爱尔兰海与大不列颠岛遥遥相望。北爱尔兰地区有英国的第一大湖——讷湖。

气候属海洋性温带阔叶林气候。

英国北海大陆架石油蕴藏量约在 10～40 亿吨之间。天然气蕴藏量约在 8 600～25 850 亿立方米左右。因此也诞生了世界石油巨头 BP。

(3) 主要城市

【伦敦】

伦敦是英国的政治、经济、文化和交通中心，最大海港和首要工业城市。它位于英格兰东南部，跨泰晤士河下游两岸，世界十大都市之一。

伦敦市城外的 12 个市区，称内伦敦，以外的 20 个市区，称外伦敦。伦敦城加上内外伦敦，合称大伦敦市。伦敦内城面积 2.6 平方公里，大伦敦面积则达 1580 平方公里。

伦敦的交通很发达，是英国的铁路中心、全国公路网的中心，还是世界上最大的国际港口和航运市场。伦敦的西郊有一座欧洲客运量最大的国际机场——希思罗机场。

大伦敦市区和郊区有众多的教育机会。全英国大学生中有 40% 在伦敦就学。那里也有成百上千所私人语言学校和职业学院。

伦敦有美丽的旧式建筑、优雅的街景和宽旷的公园，还有污浊的空气和昂贵的物价。

伦敦是一座多古迹名胜的城市，这里有白金汉宫、唐宁街 10 号（首相府）、议会大厦、大笨钟、"伦敦城"、大英博物馆、蜡人馆、圣保罗教堂、威斯敏特教堂、格林威治、"东伦敦"、"西伦敦"、"中国城"、海德公园和马克思城。

【剑桥】

剑桥的商业也很繁荣，但仍不失典型的英格兰的田园风光。似乎与城市规模不相称的众多剧场、美术馆等设施，更使得这座大学城散发出一股浓浓的文艺气息。

讲到剑桥，就得提到牛津。下面，我们做个对比。

讲名气：剑桥与牛津齐名，都是世界著名学府。

讲氛围:就整个剑桥的外观而言仍是明快而且现代化的。
讲校园:剑桥则是"城市中有大学",牛津被称作"大学中有城市"。
讲校园文化:剑桥城营造出一层理性而乐观的气氛,牛津则灵活得多。
讲学术:剑桥则在自然科学领域中人才辈出,牛津以人文及社会科学见长。

剑桥大学的诺贝尔奖获得者的人数之多为世界第一,其中多是来自卡文迪什研究所的物理、化学领域的学者。

剑桥还有一样是牛津比不上的,就是著名的《再别康桥》。在这么理性的氛围里,徐志摩如何产生如此的情愫,令人感慨。

【伯明翰】

伯明翰是仅次于伦敦的英国第二大城市。17世纪后,逐渐发展起来的一个工业城市,并享有"世界车间"之美称。伯明翰分为新城和老城。新城的火车站附近是英国工业展览会的所在地。老城车站是伯明翰市的中心。这里商店集中,道路狭窄,人流不息,因而禁止车辆通行。伯明翰市区只有少数的高楼大厦,大部建筑都是二层楼房,显得古朴无华。伯明翰的四周,有无数大工厂。它的工业产值占全国工业产值的1/5。

【曼彻斯特】

位于英格兰西北部兰开夏郡内。曼彻斯特是英国的第二大城市,是英国工业革命的故乡。

在第二次世界大战中,曼彻斯特的重工业产量占据了当时英国的30%左右,因此它成为了德军重点的照顾对象,经受了无数次的轰炸。

如今的曼彻斯特已经成为英国西北的首都,正从一个制造业为基础的工业城市转变为一个繁荣、现代而又充满活力的国际大都市。

曼彻斯特重视发展知识经济,已经跻身欧洲十大最佳商业城市行列。阿登商业中心是最大商店。但是,曼彻斯特的贫民区也是欧洲最大的贫民窟。曼彻斯特也是一座文化城市,是英国新闻业的第二中心,还是英国工人运动的中心之一,恩格斯曾在此居住多年。

它是欧洲学生人数最多城市之一,拥有4所大学,四所大学有三所坐落在一条街道上——Oxford Street。

曼彻斯特拥有全英国第二大的中国城。每逢元宵节等重大节日,在这里都会举行盛大的庆祝活动,例如:舞狮,烟花会等。

曼彻斯特有两支英超俱乐部,一支是老牌劲旅 Manchester United(曼联队),另外一支是 Manchester City(曼城队)。曼联队因为拥有众多大牌球星在全世界有无数球迷。除了足球,曼彻斯特还产生了夺冠王牌兰卡瑟尔郡板球俱乐部等出色球队。

【利物浦】

利物浦在英格兰西海岸默西河口,英国的大工业中心和第二大商港,有人口47万(1983年)。

利物浦是个历史悠久的古城,这里有许多有名的观光胜地。布莱克普尔的灯景是利物浦的一大景观。沿岸长长的海堤,马路的两边和天空布满了彩灯。灯形千奇百怪。

【爱丁堡】

爱丁堡是苏格兰首府,位于苏格兰东南的福思湾南岸,是一个历史悠久、风景秀丽文化城市,素有"北方雅典"之称,有"欧洲最美丽城市"之誉。

始建于公元6世纪,12世纪建成。

16世纪初作为文化中心迅速繁荣。

18世纪末19世纪初,爱丁堡是苏格兰文化顶峰时期的中心,是欧洲文学、艺术、哲学和科学中心。爱丁堡造就了许多杰出人物,司各特、史蒂文森、达尔文、休莫等都在这里生活过。如今,苏格兰的城堡和皇宫、大教堂、古老的街道和美术馆对世界各地的游客和到苏格兰高校就读的学生具有极大的诱惑力。

爱丁堡的景观是大自然的杰作,该城处于山峦和峡谷之间,十八十九世纪的杰出建筑使当地的景观增色不少,突出的是大剧院,数不清的建筑使得今天的爱丁堡看起来不像一个城市,倒像一幕剧院的布景。

爱丁堡及其周边的地区,是高尔夫球爱好者的天堂,很多的私人俱乐部欢迎来访者,爱丁堡本城有6个高尔夫球场,在她的周边至少还有28个。爱丁堡南边的 Hillend,是终年开放的英国最大的人工滑雪场。

【格拉斯哥】

格拉斯哥(Glasgow)在苏格兰西部,是苏格兰最大的城市,居民有70多万人。格拉斯哥市与苏格兰地区包括爱丁堡在内的众多观光城市相距都在一个小时左右的路程。

格拉斯哥集艺术、历史、建筑、音乐、运动、购物等于一体,有数家大剧场、大美术馆以及诸如 Burrell 等重要的美术品和实用艺术品收藏馆，是融古老于现代的经典城市之一。

格拉斯哥流浪者队，是著名的英超足球劲旅。

(4) 文化特色

【圣公会】

英国是一个全民信教的国度。

亨利八世即位以前，英国的宗教一直受制于罗马天主教廷，教会听命于罗马教皇。他登基以后，大力支持宗教改革，并宣布英国教会不再受制于罗马教廷，禁止英国教会向罗马教廷纳贡，自创英国国教——圣公会，主张信仰新教，对天主教采取歧视、打击的政策。

一直到17世纪后，英国才逐步实行宗教信仰自由政策。

目前英国人大多数信仰国教英国圣公会教，地位与天主教、基督教等相同。

【英国王室】

英国是君主立宪制的国家，国王是国家元首，是国家的象征。

自1066年法国诺曼底登陆后确立王室的统治。从国王威廉一世到现在的伊丽莎白二世，英国共经历了10个王朝41代君主的统治。

王室的权力有着变化：

从诺曼底王朝到斯图亚特王朝，国王是真正的统治者；

从汉诺威王朝到现在的温莎王朝，国王只是象征性的国家元首。

英国现任女王伊丽莎白二世，是温莎王朝的现任君主。1952年以长女身份继承了父亲乔治五世的王位，成为英国有史以来的第六位女王。

女王是英国世袭国家元首，也是澳大利亚、新西亚、加拿大等17个英联邦国家的元首。长子查尔斯王子为王位继承人、次子安德鲁、三子爱德华、女儿艾丽斯·路易丝公主。

王室现在面对着严峻的挑战：女王如何在二战后英国国力下降的动荡中发挥自己的作用？英联邦海外的领地纷纷要求摆脱与英国的附属关系，如何维持英联邦庞大的联合体？王室的生活风波迭起，如戴安娜王妃之死，丑闻不断，王室的威信下降。

这些，是习惯逻辑思维、谨慎保守的英国人内心的关注。

(5) 风俗习惯 英国是一个十分重礼守规的国度，注重"绅士"和"淑女"风度的养成，贯穿英国人的社会方方面面，对整个欧洲乃至世界范围内的风俗习惯都产生了深远影响。

【结识之礼】

与英国人结识，一般是通过介绍，礼节十分简单，微笑、点头、最多礼帽性的握手。介绍人引见时，要向长者引见年轻人，向妇女引见男子，向地位高的人引见地位低的人。

【拜会之礼】

英国人非常注重私人空间，所以一定要事先预约，经允许方可拜会。

来拜访的客人和英国主人都要注意绅士、淑女风度：一定要衣着整洁利索；时间要把握准，按时赴约，不早不晚，谈话内容主要以天气为主，不要提私事，不要高谈阔论，适时幽默。遵守女士优先的原则。

【社交礼仪】

英国人在待人接物上，也要注意风度。有这样几个特点：

1. 比较谨慎和保守；
2. 待人接物上比较含蓄和距离；
3. 崇尚宽容和容忍；
4. 注重礼节和风度。

英国有许多种社交仪式，按照功能分为：

茶会，是英国人最喜欢的一种与人交往的方式；

晚宴，最郑重的社交应酬方式，分官方宴会和家庭宴会两种；我们平时所说的宴会，就是指晚宴。

午宴，多用于业务上有关系的人士相聚，也就是谈生意吃饭；

冷餐会、鸡尾酒会，英国商贸界和外交界人士喜欢采用的一种交际应酬形式；

舞会、游园会。女王每年在白金汉宫举行游园会；

还有看戏、听音乐会等社交活动！

【服饰礼仪】

英国最传统的男子服装是"基尔特"，是由腰至膝是花格短裙，穿着时，还要配上很宽的腰带。当然，苏格兰男子还有裙装这一传统服饰。

绅士、淑女在穿戴上是不能马虎的。

绅士：在参加宴会时，要穿燕尾服，头带高帽，手持文明棍后或雨伞，这是他们的标准行头。

淑女：穿深色套裙或是素雅的连衣裙，庄重、肃穆的黑色的服装是首选。

参加正式的宴会时，还要注意这样四个要求：

1. 忌打带条纹式的领带；

2. 不系长衬衫袖口的口子；

3. 正式场合穿凉鞋；

4. 浅色皮鞋配深色西服。

【禁忌】

忌送贵重礼品：英国人不尚送礼，尤其是送贵重礼品比较忌讳；

忌打听隐私：包括家庭成员，住房，收入，年龄，工作等；

忌言工作：大家都不愿意下班了还得谈工作；

还有忌谈如厕、忌打破镜子、忌撒食盐、忌吃饭碰响水杯和其他器皿，忌刀叉发出相撞的声音，忌购物讨价还价。

花卉禁忌：百合花和菊花是死亡的象征；

动物禁忌：孔雀和猫头鹰在英国的名声不佳；讨厌黑色的猫、蝙蝠，不很喜欢大象；

颜色与图案禁忌：反感的色彩是墨绿色；大象、孔雀、猫头鹰等图案令他们大为反感；

还要了解下列五点：

1. 忌讳当众大喷嚏；

2. 忌讳用同一根火柴点燃三根香烟；

3. 忌讳把鞋子放在桌子上；

4. 在屋子里撑伞；

5. 忌讳从梯子下面走过。

【小费】

给小费这一习惯，应该说是起源于英国，迄今已有近200年的历史，最初出现在英国的酒馆里，后来发展扩大到其他服务行业。从踏上英国的土地开始，就要为搬行李的搬运工、叫出租车的服务员、出租车司机、旅馆服务员、餐厅服务员等付小费。

对于从事服务工作的人，小费可能是一项重要的经济收入，甚至是唯一的经济来源。

于消费者来说，付不付小费不仅是脸面的问题，更重要的是礼节问题。

在美国和很多欧洲国家都很流行。小费一般是付款项的10%~15%。中国游客不可不察也！

4. 法国文化

（1）历史

公元前高卢人在此定居。

公元前1世纪，罗马的高卢人总督恺撒占领了全部高卢，从此受罗马统治达500年之久。

公元5世纪法兰克人征服高卢，建立法兰克王国。

1337年英王觊觎法国王位，爆发"百年战争"。1453年结束百年战争。

15世纪末到16世纪初形成中央集权国家。

1789年法国爆发大革命，废除君主制，并于1792年9月22日建立第一共和国。

1799年11月9日（雾月18日），拿破仑·波拿巴夺取政权，1804年称帝，建立第一帝国。

1848年2月爆发革命，建立第二共和国。

1851年路易·波拿巴总统发动政变，翌年12月建立第二帝国。

1871年9月成立第三共和国直到1940年6月法国贝当政府投降德国，至此第三共和国覆灭。

1871年3月18日，巴黎人民举行武装起义，成立巴黎公社。同年5月底，被法国军队残酷镇压。

第一次、第二次世界大战期间法国遭德国侵略。1944年6月宣布成立临时政府，戴高乐担任首脑，1946年通过宪法，成立第四共和国。

1958年9月通过新宪法，第五共和国成立，同年12月戴高乐当选总统。

（2）地理

法国全称法兰西共和国。位于欧洲西部，与比利时、卢森堡、瑞士、德国、意大利、西班牙、安道尔、摩纳哥接壤，西北隔拉芒什海峡与英国相望，濒临北海、英吉利海峡、大西洋和地中海四大海域，地中海上的科西嘉岛是法国最大岛屿。国土面积551620平方公里。地势东南高西北低。平原占总面积的三分之二。主要山脉有阿尔卑斯山脉、比利牛斯山脉、汝拉山脉等。法意边境的勃朗峰海拔4810米,为欧洲最高峰。河流主要有卢瓦尔河(1010公里)、罗纳河(812公里)、塞纳河(776公里)。地中海上的科西嘉岛是法国最大岛屿。

全国分为大区、省和市镇。省下设专区和县,但不是行政区域。县是司法和选举单位。法本土共划为22个大区、96个省、4个海外省、4个海外领地、2个具有特殊地位的地方行政区。

(3) 主要城市

法国的主要城市有巴黎、敦刻尔克、里昂、奥尔良等,巴黎是法国的首都和最大城市,也是法国的政治文化中心;人口216.80万。由于法国在文化领域,对于世界贡献良多,因此本文将对重要的文化名胜单位进行适当专门介绍。

【凯旋门(L'arc de Triomphe)】

建筑师夏尔格兰设计,历时30个寒暑,于1836年7月落成,是法国为纪念拿破仑1806年2月在奥斯特尔里茨战役中打败俄、奥联军而建的。

凯旋门高49.54米,宽44.82米,厚22.21米。它四面有门,中心拱门宽14.6米,12条大街以凯旋门为中心,向四周辐射,气势磅礴,形似星光四射。

【埃菲尔铁塔】

在巴黎市中心塞纳河南岸,因法国著名建筑师斯塔夫·埃菲尔设计并于1889年建成而得名,是世界上第一座钢铁结构的高塔,被视为巴黎的象征。

塔高300余米,塔身重达9 000吨,分三层。该塔由1.8万余个组成部件和250多万个铆钉构成。有电梯或徒步登塔顶。柱顶安放斯塔夫埃菲尔镀金头像。

【卢浮宫(Palais du Louvre)】

是法国最大的王宫建筑之一,位于巴黎市中心塞纳河右畔。

原是一座中世纪城堡,在1546年,法王弗朗索瓦一世决定在原城堡的基础上建造新的王宫,历时300余年,形成一座呈U字形的宏伟辉煌的宫殿建筑群。1793年11月18日,卢浮宫博物馆正式向公众开放。

藏有大量十七世纪以及欧洲文艺复兴期间许多艺术家的作品。馆藏品达40万件。卢浮宫美术博物馆分为6大部分:希腊和罗马艺术馆;东方艺术馆;埃及艺术馆;欧洲中世纪、文艺复兴时期和现代雕像馆;历代绘画馆。

【巴黎圣母院(Notre-Dame de Paris)】

是最著名的中世纪哥特式大教堂,以其规模、年代和在考古、建筑上的价值而著称。1163年由教皇亚历山大三世奠基,内部平面130×48米,屋顶高35米,塔高68米。塔的尖顶始终未建。

【巴士底狱遗址(Place de la Bastille)】

位于巴黎市区东部、塞纳河右岸。这座古城堡拥有8座巍峨坚固的炮台,兴建之初是用来抵抗英国入侵的。在16世纪,这里就开始关押囚禁政治犯,法国启蒙思想家伏尔泰就曾两次关押在这里。在法国人民心目中,巴士底狱已成为法国封建专制统治的象征。1789年7月3日,巴黎人民奋然起义,14日,攻占了巴士底狱,揭开了法国大革命的序幕。1791年,巴黎人民拆毁了巴士底狱。1880年6月,法国将7月14日巴黎人民攻占巴士底狱这一天定为法国国庆日。

【先贤祠(le Pantheon)】

位于巴黎市中心塞纳河左岸的拉丁区,于1791年建成,是永久纪念法国历史名人的圣殿。先贤祠内安葬着伏尔泰、卢梭、维克多·雨果、爱弥尔·左拉、马塞兰·贝托洛、让·饶勒斯、柏辽兹、马尔罗和大仲马等。至2002年11月,共有70位对法兰西作出非凡贡献的人享有这一殊荣。

【巴黎协和广场(Place de la Concorde in Paris)】

位于巴黎市中心、塞纳河北岸,是法国最著名广场和世界上最美丽广场之一。

广场始建于1757年,大革命时期又被改名为"革命广场"。1795年又将其改称为"协和广场",后经名建筑师希托弗主持整修,最终于1840年形成了现在的规模。广场中央矗立着一尊23米高、有3400多年历史的埃及方尖碑。广场四周放置了8座雕像,分别象征着8座在法国历史上起过重要作用的城市:里昂、马赛、波尔多、南特、鲁昂、布勒斯特、里尔和斯特拉斯堡。1793年大革命时期,巴黎人民奋起捣毁了路易十五的铜像,并将路易十六送上了断头台。

【香榭丽舍大街(Ave des Champs – Elysees)】

东起协和广场西至星形广场,全长约1800米,街道最宽处约120米,是横贯巴黎且最具特色、最繁华的街道之一。法文中"香榭丽舍"是"田园乐土"的意思。17世纪路易十四在位时,曾在这里植树造林,使之成为专供宫廷贵族游乐的禁区。1709年将其命名为香榭丽舍大街。大街附近有凯旋门、波旁宫、玛德琳娜大教堂、图勒里公园、卢浮宫、市府大厦、爱丽舍宫、协和广场法国的一些重大节日——7月14日国庆阅兵式、新年联欢都在这条著名的街道上举行。

(4)文化特色

【独立】

独立是法兰西文化的精髓。

纵观法国历史,从英法百年战争到法国大革命到巴黎公社运动,再到二战时期饱受德国摧残的法国人在戴高乐将军的带领下反法西斯战争。

独立的精神使法国人具有强烈的民族自尊心。在他们看来,世间的一切都是法国最棒。与法国人交谈时,如能讲几句法语,一定会使对方热情有加。

【时尚和浪漫】

时尚和浪漫,是法国的代名词。巴黎的时装、法国的香水,浪漫的法国人,以及时尚和繁华的香榭丽舍大街等等。

【创新】

因为向往自由、浪漫,使得法国人喜欢新鲜的事物,喜欢新的挑战,崇尚创新。

【崇尚自由、平等】

在全世界,是法国的启蒙思想家们首先高呼"自由、平等、博爱"的口号的。法兰西文化中高举着自由、平等的大旗。法国人是最著名的"自由主义者","自由、平等、博爱"不仅被法国宪法定为本国的国家箴言,而且在国徽上明文写出。

【自信和自强】

拿破仑是法国一个非常有代表性的人物。从拿破仑的身上我们很直接地认识到法兰西文化中的自信和自强的精神。拿破仑有一句名言:"我的字典中从来没有'不可能'这个词。"

(5)风俗习惯

法国是一个十分讲究礼仪的国家,是今日欧美流行的许多礼仪的源泉。

【性格】

法国是一个行为道德包括震怒都有所约束的国家,不论身处何种场合,他们都会保持其惯有的沉稳,一般不会作出惊人的意外之举。

同法国人交谈,最好不要用英语,因为法国人民族自尊心极强,认为法兰西民族是世界上最优秀的民族,法语是最优秀的语言。

【称谓】

法国人常用的称呼是"先生、夫人、小姐"。法国是公认以吻表示感情的国家,但吻的部位不同所表示的含义也不一样,有着严格的界限。

第八章 境外旅游文化

【女士优先】

法国的行为举止处处体现着"女性优先"的原则。

法国人在餐桌上敬酒先敬女后敬男,哪怕女宾的地位比男宾低也是如此。走路、进屋、入座,都要让妇女先行。拜访告别时也是先向女主人致意和道谢,介绍两人相见时,一般职务相等时先介绍女士。

【餐桌礼仪】

法国人除了对食物讲究色香味外,还特别追求吃饭时的情调,比如精美的餐具、幽幽的烛光、典雅的环境等等。

法国的葡萄酒和香槟酒世界闻名,吃饭更离不开酒。

法国人不爱吃无鳞鱼,因认为站着吃饭有失风度而对自助餐不感兴趣。

【肢体语言】

法国人在交谈时习惯于用手势来表达或强调自己的意思,用姆指和食指分开表示"二";表示"是我"这个概念时,他们指胸膛。他们还把姆指朝下表示"坏"和差的意思。

【忌讳】

植物:对于菊花、牡丹、玫瑰、杜鹃、水仙、金盏花和纸花,一般不宜随意送给法国人。

色彩:所忌讳的色彩主要是黄色与墨绿色。

礼物:法国人对礼物十分看重,但又有其讲究。宜选具有艺术品味和纪念意义的物品,不宜以刀、剑、剪、餐具或是带有明显的广告标志的物品。不向异性赠送贴身物品,如男士向一般关系的女士赠送香水,也是不合适的。在接受礼品时若不当着送礼者的面打开其包装,则是一种无礼的表现。

5. 德国文化

(1)历史

三世纪时的查理曼(Charlemagne)帝国几乎统一了日耳曼诸族。

843年分裂,进入分治的神圣罗马帝国时期。日耳曼语的使用也逐渐带动民族国家的认同。

德意志民族直至十四世纪哈布斯堡王室(Habsburg)逐渐得势,日耳曼民族的国家定位也越趋明确。

1538年,汉撒同盟(Hanseatic League)的形成,则整合了所有的日耳曼商业城镇。

公元1517年马丁路德(Martin Luther)发表论文向天主教会挑战,是宗教改革(Reformation)的先驱,也间接引发了三十年战争。马丁路德重新翻译圣经,造成了日耳曼方言的整合,标准高地德语(High German)就此诞生。

18世纪初,普鲁士王国(Prussia)兴起,努力跻身欧洲强国之列。

1862年,普鲁士国王威廉一世(Wilhelm I)任命俾斯麦(Otto von Bismarck)为宰相。这位老练的政治家笃信铁血哲学,形成德意志民族国家。

公元1914年,奥地利王储遇刺,引爆了第一次世界大战,形成德国和奥地利联合,对抗法、俄、英的局面。德国战败,德国国王逊位,成立威玛共和国。战后的凡尔赛条约(Treaty of Versailles),对德国订立严苛的赔偿,并削减德国军武能力。

公元1929年,世界性经济大恐荒,由希特勒(Adolf Hitler)领导的纳粹党(Nazis),得以藉民族主义获取大部分德国人的认同。希特勒终于在1933年1月,任命为总理,取得政权。

1935年希特勒开始施行种族纯化法(Racial Purity Laws),剥夺犹太人的德国公民权。1942-1945年间,6百万名犹太人惨遭屠杀。

1939年9月,德国挑起第二次世界大战。德军的闪电战(Blitzkrieg)在短短时间内便几乎席卷全欧。

1941年,战争发生转折,德军开始失利。

1945年3月,盟军渡过莱茵河,4月俄军苦战之后攻下柏林,希特勒则在兵临城下之际自戕。

1945年7月,雅尔塔条约将德国分为东西占领区,分别由苏俄和英美托管,柏林则由二者共同管辖。

1949年东德(The German Democratic Republic,GDR)与西德(The Federal Republic of Germany,FRG)政府分别成立。

1961年苏俄更在冷战高峰期兴建柏林围墙(Berlin Wall),以遏止年轻劳动力持续流失。

1990年10月3日,两德统一。

(2)地理

德国位于欧洲中部,东邻波兰、捷克,南接奥地利、瑞士,西界荷兰、比利时、卢森堡、法国，北与丹麦相连并临北海和波罗的海，是欧洲邻国最多的国家，面积为357020.22平方千米(1999年12月)。

地势北低南高，可分为四个地形区：平均海拔不到100米的北德平原；中德山地；西南部莱茵断裂谷地区；南部的巴伐利亚高原和阿尔卑斯山区，其间拜恩阿尔卑斯山脉的主峰祖格峰海拔2963米，为全国最高峰。

主要河流有莱茵河(流经境内865千米)、易北河、威悉河、奥得河、多瑙河。

(3) 主要城市

德国的主要城市有柏林、汉堡、慕尼黑等。

【柏林 Berlin】

德国的首都，是世界上著名的大都市之一，也是游客到德国必到的地方，现有人口近340万。

柏林是国际交通枢纽。

1838年柏林-波斯坦铁路通车，揭开了欧洲铁路时代的序幕。

1881年，世界上第一辆有轨电车在柏林投入使用。

1961年，苏俄更在冷战高峰期兴建柏林围墙(Berlin Wall)，以遏止年轻劳动力持续流失，实质上造成德国的分裂。

1990年10月3日，两德统一，柏林墙倒塌。

【汉堡 Hamburg】

是德国最大的港口城市，全称为"自由汉萨城汉堡"，是德国第二大城市，人口约190万。

汉堡是北德地区最重要的交通枢纽，是西欧通向北欧、东欧的桥梁，陆海空交通都很发达，汉堡是世界最大的贸易中心和集散地之一，有近3000家外贸公司。许多世界闻名的贸易集团在汉堡设有总部。

汉堡成为世界上最重要的国际会议和博览会举办地之一，每年举办约40个博览会和专业展览会以及近400个各类会议。博览会和会议带动了旅游、宾馆和餐饮业，使得汉堡成为德国第三大旅游城市。

【慕尼黑 Munich】

是德国第三大城市，人口约130万，它是德国也是欧洲的一座著名旅游城市，是德意志南部最瑰丽的宫廷文化中心，已有800多年历史。

慕尼黑盛产啤酒，饮用量为世界第一，因此人们惯称慕尼黑为"啤酒之都"。

对慕尼黑人来说不可一日无啤酒,啤酒节是慕尼黑民间的传统节日,已有170年的历史。节日期间,本国和外国游客纷纷涌入慕尼黑,为该市带来巨大收益。

【法兰克福 Frankfurt】

位于德国的中部,是德国商业及制造业的中心,是重要的国际金融城市,这里财经机构包括德国联邦银行、全国主要的证券交易所和唯一的黄金交易所等。法兰克福是德国重要的文化中心。

【杜塞尔多夫 Dusseldorf】

位于德国西部的一座城市,是有小巴黎之称的德国时装都会,也是日资企业的欧洲基地,有许多日本人经营的商店。

(4)文化特色

【强调民主、自由】

饱受专制之苦的德国人更渴望民主和自由,所以德国文化呈现出这一特色。

【严谨、精确】

德国文化中给人最突出的印象就是严谨、精确,让其他国家的人觉得德国人非常刻板。

无论是德国的政治制度、管理制度、产品、建筑、着装、性格特征,甚至德语本身,都透露着严谨的特点。正是因为严谨,德国文化中很注重法制和制度的建设。德国人无论做什么事情都讲究规则。

举个例子。在世界各国流行的公共汽车专用道就是德国人首先发明使用的。在德国的公车站,乘客可以看到站牌上写着每趟公车的具体抵达、离开时间,精确到分。如:第二趟车,7点01分到,7点02分开。实际上,德国公车就是严格按照站牌所标示的时间运行的。

这些就是德国文化严谨、精确的外在表现。

【勤奋节俭】

这一点和德国文化严谨刻板的特点几乎是一脉相承的。

【理性主义】

德国文化的又一特色是它的理性主义。要是没有理性,德国就不会出这么多对人类思想史有着重要影响的哲学家了。如:弗洛伊德、黑格尔、费尔巴哈、马克思、尼采等,都是德国人。他们的思想是受德国文化中理性主义的影响。因为理性,所以德国人给人的感觉是很冷静的。

德国出产很多的科学家,如爱因斯坦、洪堡、冯布劳恩等;还有著名的工程师卡尔·奔驰、费迪南德·波尔舍(保时捷公司创始人)等。

这些名单,可以延续很长很长。这些伟大人物的诞生,离不开德国理性主义的熏陶!

【艺术的德国】

在德语文化区,产生了大量蜚声世界的艺术家,如歌德、席勒、贝多芬、巴赫、施特劳斯父子等等。

很难想象,严谨、理性、逻辑性极强的德国,能出产如此多的世界级的艺术家。

(5)风俗习惯

【社交礼仪】

德国人在待人接物所表现出来的独特风格,往往会给人以深刻的印象。必须指出的是,德国人在人际交往中对礼节非常重视。

第一,纪律严明,法制观念极强。

第二,讲究信誉,重视时间观念。

所谓看着表走路的人,肯定就是德国人。

第三,极端自尊,非常尊重传统。

第四,待人热情,十分注重感情。

【餐饮礼仪】

德国人在用餐时,有以下几条特殊的规矩:

其一,吃鱼用的刀叉不得用来吃肉或奶酪。

其二,若同时饮用啤酒与葡萄酒,宜先饮啤酒,后饮葡萄酒,否则被视为有损健康。

其三,食盘中不宜堆积过多的食物。

其四,不得用餐巾扇风。

其五,忌吃核桃。

【禁忌】

植物:在德国,不宜随意以玫瑰或蔷薇送人,前者表示求爱,后者则专用于悼亡。

色彩:德国人对黑色、灰色比较喜欢。

握手:对于四个人交叉握手,或在交际场合进行交叉谈话,也比较反感。与德国人握手时,有必要特别注意下述两点。一是握手时务必要坦然地注视对方,二是握手的时间宜稍长一些,晃动的次数宜稍多一些,握手时所用的力量宜稍大一些。

运气:德国人认定,在路上碰到了烟囱清扫工,便预示着一天要交好运。

送礼:向德国人赠送礼品时,不宜选择刀、剑、剪、餐刀和餐叉。以褐色、白色、黑色的包装纸和彩带包装、捆扎礼品,也是不允许的。

交谈:与德国人交谈时,不宜涉及纳粹、宗教与党派之争。在公共场合窃窃私语,德国人认为是十分无礼的。与德国人交谈时,一定要注意对"您"与"你"这两种人称代词的使用。在德国,称"您"表示尊重,称"你"则表示地位平等、关系密切——其实和中国一样。一般情况下,切勿直呼德国人的名字。称其全称,或仅称其姓,则大都可行。

6. 日本文化

(1)历史

大约一万年前的新石器时代,日本人的祖先开始制造较精细的石器和陶器。

公元前八十世纪至三世纪史称"绳纹时代"。

公元前三世纪左右,部落和国家也随之而产生。

公元前三世纪至公元三世纪史称"弥生时代"。

四世纪,邪马台国势力强盛,统一了各国。

四世纪到六世纪,中国文化经由朝鲜传入,儒家和佛家思想也传到日本。日本和朝鲜建立了关系,从朝鲜引进中国汉朝发明的纺织、金工、鞣革、造船等技术。日本又从中国引入表意文字,学习中国的医术、天文历法和儒家思想。并模仿中国建立政制。

八世纪初,日本在奈良建立了第一个首都,开始了奈良时代。

平安时代从公元794年开始。日本皇朝以当时的中国首都为蓝本,在京都建立新都,称为"平安京"。前期日本大量吸收了中国文化,直到九世纪末,中断了与中国的交往,日本固有的文化才开始发展。日本的文字"假名"就是在这一时期形成的。

1192年,源赖朝在镰仓(今东京附近)成立幕府。开始了以后七百年的封建时代。

1590年，大将军丰臣秀吉统一天下。

1603年，德川氏在江户建立幕府，历史进入了江户时代。

1854年，美国海军准将佩里说服日本与美国签订了和约。

1867年，德川幕府终于崩溃。

1868年开始明治维新，天皇再次重获政权，天皇由京都迁都江户，改称东京。不久颁布宪法，成立内阁及两院制立法机关，废除封建的阶级制度，举国上下掀起了研究西方文化热潮。明治时代从1868年到1912年，是日本历史上辉煌显赫的时代。

两次大战，日本政府给全世界和日本人民造成了极大灾难。

1985年，日本已成为世界最大债权国。

2004日本成了世界最大的供应国，东京国际金融市场的作用正在扩大，日本正在朝金融大国化方向发展。

(2) 地理

日本地处亚洲大陆的东部，是个岛国。全国共有3000多个岛屿，主要的有4个，即北海道、本州、四国、九州。北面与库页岛、西伯利亚隔海相对，西面与朝鲜半岛、中国相邻。日本的自然资源十分贫乏，绝大部分的工业原料依靠进口，是世界上最大的资源进口国。矿产资源种类多，但储量很小。不过日本的渔业资源十分丰富，有许多优良的天然渔场。

(3) 主要城市

日本的主要城市有东京、大阪等。

【东京】

东京都由关东地区的西南部和太平洋上的伊豆诸岛、小笠原诸岛这些岛屿部组成，是世界上人口最多的城市之一，也是生活着1100多万人的日本首都。

17世纪初叶，德川家康将军在这里建立幕府。

1923年，东京受到关东大地震袭击，死伤惨重。

东京不仅是日本的政治、经济中心，而且也是世界的经济、文化中心。其中包括集中了世界名店的银座、被誉为不夜城的新都心新宿、保留了日本传统文化精华的浅草和成为年轻人文化发源地的涩谷等大规模繁华区域等。

【大阪】

大阪府位于日本的中西部、近畿地方的中央，人口与人口密度仅次于首都东京,为全国第二位。

它的三面被山地所围,西部面临呈弓形的大阪湾。这里靠近日本的古都京都和奈良,作为水陆交通的要冲以及商业城市而迅速发展繁荣起来。

以梅田为中心的一带地区被称为"北";以难波和道顿堀为中心的一带地区被称为"南"。难波是充满平民气氛的繁华街区,道顿堀是道顿堀川两岸饮食店林立的一个区域。南是著名的娱乐区,这里集中了许多剧场和电影院。

(4)文化特色

【强烈的团体意识】

日本人具有强烈的团体意识,是日本最突出的民族心理,也是日本文化的一大特色。这和西方文化正好相反。具体表现为:将参与、依赖团体视为成熟、可靠的象征;一个没有团体接纳的人,会被认为是无用的、难以相处的。因此,在决定自己的行为时往往会先考虑别人会怎样行动,或者考虑那样做之后,别人会怎样想,然后再决定自己的行为。

形成这样的思维的原因,可能有二。一是受了中国传来的儒家思想影响。二是日本民族心理受到了日本岛国,资源匮乏、自然灾害频发这一自然环境的重大影响。在一个土地、能源、粮食等资源都贫乏,火山地震频发的国家,人们要想获得生存发展所必需的物质条件,唯一的出路就是把个人融入团体中。

【强烈的等级观念】

在一个团体意识极其强烈的社会中,必须强调等级观念,这是团体存在的条件。否则团体就会崩溃。

日本人的等级观念非常强,这种等级是看年龄、社会地位、资历等等。在日本,无论是企业还是政府机构、各种组织,升职、涨薪都要论资排辈。

日常生活,或者交往中也是如此。几个日本人在一起,首先会了解谈话各方的年龄、性别、社会地位、亲疏关系等,再了解说话时的地点、场合,然后决定采取哪种相应的语言、行为进行交流。

对不同等级的人,说话的方式和语言也是不相同的。

【强烈的爱国主义和民族认同感】

日本是一个岛国,地理上不利于外来移民难以大规模进入。但是,这不是根本原因。根本原因是,在思想层面上就是他们具有强烈的民族认同感和国家认同感。换句话说,对外来人员的认同性较弱。同时,比较地拒外,也显示出这个地方的自信心不足的一面。反过来说，由于外来人口较少，所以，使得日本更为难以接受外来人员以及理念——除非外来文化以强力介入，远远高过日本。

【理性内敛】

外露情绪是日本人所厌恶的。在日本，表露情绪只会吸引别人多余而不悦的眼光。对于他们而言，感受到的情绪和当众表现出来的情绪是两回事。

日本人喜欢非常理性的，很少冲动。所以他们又是非常内敛和含蓄的，喜怒不形于色。日本人的语言也显示这点。日本人说话十分含蓄、委婉，几乎从不直率地表示自己的意见，而且他们的表达比较暧昧，迂回，永远都留有余地。

因此，难以根据表面语言去判断日本人的真实想法。

【崇尚自然，讲究和谐】

日本人很崇尚自然，讲究"天人合一"。这主要是受中国文化的影响，包括佛教影响，尤其是在茶道、花道以及建筑、庭园的设计等方面。

(5) 风俗习惯

日本是一个礼仪之邦，非常重视礼仪，礼仪教育很普及。小孩一开始学习说话，父母、亲属就会进行礼仪教育。小学生守则上，明确规定了有关接人待物的规矩。中学、大学乃至工作后，都要接受礼仪训练。

这些培训具体到怎么穿、穿什么、怎么走、怎么说话、说什么话、怎么站、怎么坐、怎么鞠躬、怎么打电话和接电话、怎么调整自己的口气和表情、怎么带路和开门、怎么如何奉茶、怎么与上级谈话等。这些细节写下来常常厚达数百页，有百万字以上。新职员要认真学习，要借此规范他们的行为举止，提高他们的礼仪水平。

【见面礼、交换名片】

初次见面一般要行90度的鞠躬礼，上级、长者鞠躬到60度就可以了。男士双手垂下贴腿或放入两腿缝隙，女士将左手压着右手放在小腹前鞠躬，并要说"初次见面，请多关照！"

一般是地位低或者年轻的一方先给对方。要双手将名片正面对着对方递交名片。双手接过对方名片后，仔细阅读，千万不要看都不看就塞进口袋。

【拜会礼】

登门拜会的基本程序是：

提前预约；

出发前，要电话确认；

进门前，要按电铃，通报姓名；

进屋前，要主动摘帽、脱鞋、脱大衣；

落座前，要把礼物交给主人；

交谈完毕或茶饭后，回到住所要打电话告诉对方，并致以谢意。

【馈赠礼仪】

日本有送礼的习惯。

送礼的原因有：红白喜事、访亲问友、作客赴宴都要送礼。

送礼的时间有：每个季节有季节性的送礼，每年仲夏或岁末。

送礼的级别有：下级给上级，晚辈给长辈，孩子给父母都要送礼。

送礼的规矩有：不能过轻也不能过重。送礼时要双手捧上，受礼也要用双手，并微微鞠躬。里里外外都要包上好几层，受礼后要尽快还礼，回赠的礼品价值应与赠礼价值大体相等。

所送礼品的内容有：送土特产、工艺品、现金。

注意：不要像西方人一样当面拆开。

【其他】

日本人还非常注意在社交时的礼仪，衣着整洁，天气炎热的时候不要卷起袖子，在公共场合不穿背心。讲究坐立姿势，轻声细语，措辞含蓄婉转。谈话保持一定距离，少说多听。

【禁忌】

交谈：忌问收入，与女子交谈忌问年龄和婚姻状况，对老人忌用年迈等字眼，对残疾人忌说残疾等字眼；

数字：忌讳"4"（与死发音同），"6"（发音为"劳苦"），"9"（在日语中有一种音与"苦"同音）和"42"。

礼品：忌赠送容易破损的陶瓷、玻璃制品。最忌讳以梳子作为礼品。

色彩：忌绿色，认为不祥；忌紫色，认为不牢靠。

图案：忌用荷花（丧花）、狐狸（贪婪）等图案。

7. 韩国文化

（1）历史

公元前233年，古朝鲜时代，各小城邦逐渐合并成政治结构复杂的部落联盟。

公元676年，新罗将中国人逐出韩半岛。

公元前37-公元668年，高句丽最先建国。稍后是百济（公元前18-公元660年）、新罗王国（公元前57-公元935年）。

6世纪中叶，新罗王国征服了临近的伽倻王国，并与中国唐朝结成军事同盟，征服了高句丽和百济王国。

698年，前高句丽人建立了渤海王国，北至阿穆尔河，西至满洲中南部开元的广大地区，并同突厥和日本建立了外交关系。

公元935年，新罗国王正式向新建立的高丽王朝投降。

1392年，李成桂将军建立了一个新的王朝——朝鲜。

1418~1450年，朝鲜第四代国王世宗大王统治，国家的文化与艺术空前繁荣。

1592年，日本入侵朝鲜王国。

1910年，日本强行吞并韩国，并开始对其实行殖民统治，直到1945年日本战败。

1948年5月10日李承晚在在三八线以南地区举行的韩国首次总统选举中当选为大韩民国第一任大总统；与此同时，三八线以北建立了金日成领导下的共产党政权，三八线将韩半岛分成了南方与北方。

1961年5月16日，朴正熙少将发动政变。以朴正熙为首的政府于20世纪六七十年代实现了被称为"汉江奇迹"的高速经济增长。

1997年，主要反对党新政治国民会议领袖金大中当选为总统。金大中政府被称为"国民政府"，是韩国宪法史上第一个由执政党向反对党和平移交政权而产生的政府。

(2) 地理

韩国位于东北亚朝鲜半岛南部，面积约99262平方公里。南部和西部有些岛屿。北与朝鲜以军事分界线为界，东临东海。南与日本隔朝鲜海峡相望。西濒黄海，与我国山东图库省相望。境内主要是崎岖起伏的山区，山脉从北向南延伸。平原主要集中在中西部沿海。主要河流为汉江，全长514公里。

(3) 主要城市

汉城，现称"首尔"（SEOUL），是大韩民国的首都，也是韩国最大的城市。围绕着汉城,是世界第二大都市圈,仅次于东京,仅行政区内人口即达1000多万,为世界上少见超级巨大都市之一。是韩国的政治、经济、科技和文化中心。

韩国政府正在考虑搬迁首都到中部的计划。

(4) 文化特色

【继承自中国的遗产】

在韩国,中国传统文化的影响非常深远。

首先,儒家思想非常盛行。韩国佛教亦由中国传入。

其次,建筑、城市建设等,都是用中国的传统哲学来指导。

第三,重视教育的风气,也是习自中国;韩国历史上也有科举等考试。又比如,能够写一手好的毛笔字,是很有文化的表现。

第四,阴阳八卦等学说,渗入韩国文化核心,其国旗以之为中心图案。

【团结、尚武的风气】

多次遭受外族入侵并长期占领,给韩国带来巨大创伤。因此,团结、尚武的风气在韩国很盛行。

(5) 风俗习惯

【敬老之礼】

韩国人非常尊重长者,长者享有特殊地位,比如:

长者进屋时大家都要起立,问他们高寿;和长者谈话时要摘去墨镜;早晨起床和饭后都要向父母问安;父母外出回来,子女都要迎他人才能吃;乘车时,要让位给老年人。吃饭时应先为老人或长辈盛饭上菜;老人动筷后,其他人才能吃。

若与长辈握手时,还要以左手轻置于其右手之上,躬身相握,以示恭敬。

与长辈同坐,要保持姿势端正、挺胸、绝不敢懒散。

若想抽烟,须征得在场的长辈的同意。

【用餐】

用餐时,不可先于长者动筷等。

不随便出声,不可边吃边谈,否则往往被人看不起、引起反感。

韩国人不轻易流露自己的感情,公共场所不大声说笑。特别是女性在笑的时候还用手帕捂着嘴,防止出声失礼。

【男与女】

在韩国,妇女十分尊重男子,这点与西方的绅士风度不一样。双方见面的时候,女性总会先向男性行鞠躬礼、致意问候。男女同座的时候,往往也是男性在上座,女性在下座。

男子见面打招呼相互行鞠躬礼并握手,但女性与人见面通常不与他人握手,只行鞠躬礼。

【见面礼】

韩国有通报姓氏习惯,并以"先生"等敬称联用。

在建立密切的工作关系之前,举止合乎礼仪是至关重要的。韩国人初次见面时,经常交换名片。

韩国人业务洽谈,往往在旅馆的咖啡室或附近类似的地方举行。大多数办公室都有一套会客用的舒适的家具,韩国人注重服饰,男子穿西服、系领带。

【禁忌】

数字:韩国人对"4"非常反感。许多楼房的编号严忌出现"4"字;医院,军队绝不用"4"字编号。韩国人在喝茶或喝酒的时候,主人总是以1、3、5、7的数字单位来敬酒、敬茶、布菜,并忌讳力用双数停杯罢盏。

朝鲜对于韩国人来说是一个敏感的话题,需要谨慎。

8.新马泰文化

(1)历史、地理

表8.5　　　　　　　　　　　新马泰历史、地理

国名	历史	地理
新加坡	曾为英国的殖民地;1963年作为一个州加入马来西亚联邦;1965年8月9日正式成立新加坡共和国。	位于马来西亚以南,苏门答腊岛以北,地处马六甲海峡的出入口。由新加坡岛及其附近的50多个小岛组成,总面积621平方千米。
马来西亚	曾建立马六甲国;20世纪初,完全沦为英国的殖民地;1955年,英国宣布马来亚实行部分自治;1957年,英国同意"马来亚联合邦"在英联邦内独立;1963年9月16日,马来西亚宣告成立。	位于东南亚,介于太平洋和印度洋之间,全国总面积32.9万平方千米。由东(沙捞越地区和沙巴地区)、西(马来亚地区)两部分组成。
泰国	公元初年,湄南河谷的南部就有泰人居住;1238年,泰人创立素可泰王国;1949年正式定名为泰国。	全称泰王国,位于中南半岛中部,东南临泰国湾,西南濒安达曼海,西邻缅甸,东北与老挝相连,东南与柬埔寨接壤,南接马来西亚。全国面积513115平方千米。

(2) 主要城市、文化特色、风俗习惯

表8.6　　　　　　　　　新马泰主要城市、文化特色、风俗习惯

国名	主要城市	文化特色、风俗习惯
马来西亚	吉隆坡（英语：Kuala Lumpur）是马来西亚的首都，也是最大城市。马来西亚简称大马。吉隆坡是马来西亚三个直辖区之一，其地理位置在于雪兰莪州之中，马来西亚半岛中央偏西海岸。吉隆坡曾于1998年举办英联邦运动会，也是第一个举办此运动会的亚洲城市。坐落于吉隆坡市中心的国油双峰塔是吉隆坡的著名地标。	应注意举止得体，尊重长者，不能直呼"你"，而应称呼"先生"、"夫人"或"女士"。如果双方都是穆斯林，宾主要用伊斯兰教特定的问候语打招呼。客人必须把鞋脱在门口或楼梯口，方可进屋。进屋后，宾主双方要互相问候和握手。握手时，双手仅仅触摸一下，然后把手放到额前，以表示诚心。当发现屋里还有其他客人，而自己又必须从他们面前经过时，必须略低下头，并说"对不起，请借光"，再走到自己位置上。坐椅子不能跷二郎腿，尤其是在老人面前更不应如此。主人摆出点心招待客人，客人不能推辞。要走时应向主人告辞，主人一般送客出门。黄昏时穆斯林要做祷告，晚上拜访通常应在8:30以后。须把手洗净。进餐必须用右手。一般不坐在椅子上，把食物放在席上围坐而食。伊斯兰教信徒禁酒，招待客人不用酒，多上热茶、白开水或椰汁。马来人还有咀嚼槟榔的习惯。男人盘腿而坐，女人则跪坐，身体稍向右偏。上了年纪的妇女可以像男人一样盘腿而坐。对女士不可先伸手要求握手。女子应并拢双脚而坐。如果席地而坐，男子最好盘腿，女子则要跪坐，不得伸直腿。不可随便用食指指人、忌讳摸头、触摸背部（除了教师和宗教人士之外）与马来人交往，要尊重他们的习俗，否则便会被视作对他们不礼貌。马来人认为左手最脏，用左手和他们接触，是对他们不敬，犹如某种侮辱。马来人不喜欢别人问自己的年龄。若问年纪，会被视为不礼貌。马来西亚不禁止一夫多妻制，所以不要随便闲谈他人的家务事。
新加坡	新加坡城，原意为"狮城"，新加坡共和国首都，位于新加坡岛南端，面积710.3平方千米。南距赤道136.8千米，面积约98平方千米，约占全岛面积1/6。这里地势和缓，最高点海拔为166米。新加坡市是全国政治、经济、文化中心，有"花园城市"之称，是世界上最大港口之一和重要的国际金融中心。	新加坡各族人民的信仰分别为：华人大都信仰佛教或道教；马来人基本信仰伊斯兰教；印度人信印度教；巴基斯坦人也大都信伊斯兰教。新加坡人忌7字，不喜欢乌龟。严禁放烟花鞭炮。忌说"恭喜发财"，他们认为"发财"二字有"横财"之意，说"恭喜发财"含有侮辱嘲弄。当代新加坡人忌蓄长发，许多公共场所的标语牌写着"长发男子不受欢迎"。新加坡人还忌讳黄色。

续表

国名	主要城市	文化特色、风俗习惯
泰国	泰国首都，东南亚第二大城市，主要港口和政治、经济、文化中心，被誉为是"佛教之都"。泰国人称曼谷为"军贴"，意思是"天使之城"。曼谷是全国政治、经济、文化、教育、交通运输的中心及全国最大的城市。曼谷位于湄南河三角洲，距河口约40千米。面积290平方千米，目前人口超过800万，占泰国全国人口的1/8，其中有华人血统的人口占近1/4。	全国90%以上的人信奉佛教。信佛者成年后必须举行出家剃度仪式，过一段削发为僧的生活。习俗礼仪基本是佛教的礼仪。泰国人喜爱红、黄色，忌褐色。喜欢使用鲜艳的颜色，习惯于用颜色来表示不同的日期：星期日为红色、星期一为黄色、星期二为粉红色、星期三为绿色、星期四为橙色、星期五为淡蓝色、星期六为紫红色。群众亦依据不同的日期选用不同色彩的服装。过去丧葬穿白色殡服，现在改为黑色殡服。泰国人认为头是人的灵魂所在，神圣不可侵犯。切勿触摸。认为用手打孩童的头，一定生病。睡觉不可头朝西，日落西方是死亡的象征，而人只可在死亡时才头朝西。泰国人特别尊敬佛祖、国王。切不可对佛祖和国王妄加评论或说其他轻率的话。泰国人见面互致合十礼，双手放在胸前。地位较低或年轻的人先行行礼。惟有和尚不受约束，不用向任何人行礼或还礼，见到国王也只需点头微笑致意。但在西化的场合，泰国人有时也遵循国际上的一般礼节——握手之礼。泰国人称呼时不用姓，而是称"某某先生"等。泰国人不用红笔签名，只有人死后才会用红笔把他的姓氏写在棺木上。狗是泰国的禁忌图案。在泰国给小费比较盛行，以示酬谢。在餐馆按账单付钱，原则上已包括服务费，可以不需另给小费。

9. 港、澳地区文化

(1) 港、澳、台历史、地理。

表8.7　　　　　　　　　　　港澳台历史、地理

地区	历史	地理
香港	清政府，香港归广东省新安县(今深圳市)管辖。 1841年1月26日，英军在香港举行占领仪式，宣布占领香港。 1842年8月，清政府被迫签订《南京条约》，英国正式占领香港岛。 1898年6月，《展拓香港界址专条》在北京签署，英国强租"新界"，为期九十九年，到1997年期满。至此，英国通过三个不平等条约占去整个香港地区。 1972年11月，第27届联大通过决议，从反殖民化宣言中适用的殖民地区名单里，删去香港、澳门。 1984年11月19日，中英双方正式签署关于香港问题的联合声明。 1997年7月1日，香港终于回到了祖国的怀抱。	位于中国南海之滨珠江口东侧，由香港岛、九龙半岛、新界组成。北隔深圳河与广东深圳相接。西与澳门隔海相望，相距仅60千米左右。全境面积为1,092平方千米。
澳门	宋末元初，已有定居的居民点了。 1152年，南宋政府设香山县，澳门属香山县范围。 1277年，开始向澳门派驻军队。 在明成化年间，兴建妈阁庙，妈阁庙历史逾五百年。 1557年，葡人进澳门并开始长期居留。 1573年，居澳葡人向中国政府缴交地租，每年五百两白银。 1685年，清政府在澳门设立海关。 1849年，鸦片战争后，葡萄牙人占领关闸以南的澳门半岛。 1851和1864年，葡人分别占领氹仔岛和路环岛。 1887年，葡压迫满清签订《中葡会议草约》和《中葡和好通商条约》，割据澳门。 1928年7月6日民国政府外交部声明终止1887年的《中葡和好通商条约》。 1961年葡萄牙海外部确定澳门为旅游区，特准设赌。 1972年11月8日，第27届联大通过决议将殖民地名单中删去香港和澳门。 1974年4月葡承认澳门是中国领土。 1975年最后一批葡萄牙驻军撤离澳门。1976年葡萄牙法规定澳门是在葡萄牙管辖下的特殊地区。 1979年2月8日中葡正式建交。 1987年4月13日中葡正式签署《中华人民共和国政府和葡萄牙共和国政府关于澳门问题的联合声明》及两个附件，中华人民共和国政府将于1999年12月20日对澳门恢复行使主权。 1991年2月22日中国与葡达成协议，中文即日起成为澳门官方语言。 1999年12月20日中华人民共和国对澳门恢复行使主权。	位于我国大陆东南部沿海，正处珠江口西岸，与香港、广州鼎足分立于珠江三角洲的外缘。东隔伶仃洋与香港相望；西与广东省珠海市的湾仔镇一衣带水，只隔一条不足1千米宽的濠江水道；北边以古老砂堤与珠海市的拱北相连，陆界只有240米；南面则濒临浩瀚的南海。澳门地区面积23.5平方千米，包括澳门半岛(乙上水)与仔、路环两个离岛，澳门半岛面积7.65平方千米，(乙上水)仔岛5.69平方千米，路环岛8.07平方千米。

第八章 境外旅游文化

续表

地区	历史	地理
台湾	台湾有文字记载的历史可以追溯到公元230年。 隋唐时期(公元589－618年)称台湾为"流求"。 610年(隋大业六年)汉族人民开始移居澎湖地区。 公元12世纪，宋朝将澎湖划归福建泉州晋江县管辖，并派兵戍守。 元、明两朝政府在澎湖设巡检司，负责巡逻、查缉罪犯，并兼办盐课。明朝后期开始出现台湾的名称。 17世纪，明朝的福建当局和郑芝龙集团有组织地移民台湾。 17世纪初，荷兰殖民者侵入台湾。 1642年，荷兰人赶走西班牙人，台湾沦为荷兰的殖民地。 1661年4月，郑成功进军台湾，向荷兰殖民者表示台湾"一向属于中国"。 1662年2月，郑成功迫使荷兰总督揆一签字投降，收复了中国领土台湾。 1683年7月，施琅进军台湾，不久克之。 1684年，清政府设置分巡台厦兵备道及台湾府，隶属于福建省。 1885年将台湾划为单一行省，台湾成为中国第20个行省。 1894年甲午战争，翌年清政府战败，于1895年4月17日被迫签订丧权辱国的《马关条约》，把台湾割让给日本。台湾从此沦为日本的殖民地达50年之久。 1941年12月太平洋战争爆发，12月9日中国政府发出《中国对日宣战布告》昭告："所有一切条约、协定、合同，有涉及中日之间关系者，一律废止。" 1945年8月15日，日本战败宣布无条件投降。中国人民经过8年英勇的抗日战争，终于收复了台湾。10月25日，同盟国中国战区台湾省受降仪式在台北举行，受降主官代表中国政府宣告：自即日起，台湾及澎湖列岛已正式重入中国版图，所有一切土地、人民、政事皆已置于中国主权之下。至此，台湾、澎湖重归中国主权管辖之下。	台湾省位于祖国大陆架的东南缘。北临东海，东北接琉球群岛；东滨太平洋；南界巴士海峡，与菲律宾相邻；西隔台湾海峡与大陆福建省相望，最近处仅130千米。全省恰扼西太平洋航道的中心。全省由台湾本岛和周围属岛以及澎湖列岛两大岛群，共80余个岛屿所组成。陆地总面积3.6万平方千米。其中，台湾本岛南北长394千米，东西最宽处144千米，绕岛一周的海岸线长1139千米，面积35788.0908平方千米，约占全省面积的97%以上，是中国第一大岛。

（2）主要城市、文化特色、风俗习惯

表10.8　　　　　　　　　　　港澳台主要城市、文化特色、风俗习惯

地区	主要城市	文化特色、风俗习惯
香港	香港人口总数681.6万人，96%是中国人。整体经济增长迅速。人均GDP（2003年为23,030美元）在亚洲仅次于日本。香港的经济实力雄厚，截至2004年8月底，外汇储备为1,185亿美元，居世界第五。拥有全球最繁忙的货柜港，亦是主要的黄金交易中心。香港是世界上经济最开放的地区之一，商品、资金进出自由，连续多年被国际机构评为全球经济最自由及最具竞争力的经济体之一。	香港和澳门的文化特色基本相同，如下：都是一种中西交融的复合型文化，既有中国传统文化的内涵和基础，又有以英国/葡萄牙文化为代表的欧洲文化的渗入。一是开放性。二是包容性，从华人文化还是英国/葡萄牙文化，无论是天主教文化是佛教文化均能在澳门社会和平共处。三是重商主义，这是地小人稀，资源匮乏，但是地理位置得天独厚的香港/澳门的唯一选择——发展外向型开放经济，进行对外贸易。四是浓厚的殖民色彩，如现存的很多炮台、用英国/葡萄牙总督命名的道路、唯一官方语言长期为英语/葡萄牙语、大量英文/葡文图书。但我们不得不说香港人/澳门人具有强烈的爱国主义精神。历经400多年，香港人/澳门人始终认定自己是中国人。不同之处在于：香港过于功利、急躁；澳门慵懒、闲散。
澳门	澳门总是过密。澳门半岛，人口密度为2500人/平方千米，呈超级过密状态。澳门有45.5万常住人口，大小汽车5万多辆，澳门平均每10个人拥有1辆私家车，汽车的密度超过纽约和东京，堪称世界之最。	
台湾	台北市为台湾省省会城市，其位于台湾岛北部的台北盆地，四周均与台北县接壤，是台湾人口最多的城市。市花：杜鹃花；市树：榕树；市鸟：台湾蓝鹊。总面积271.7997平方千米，总人口2,629,269人。	【同源性】台湾文化和大陆中华文化的面貌基本是相同的。构成台湾文化的因子有：闽文化、岭南文化、吴越文化、荆楚文化、中原文化、日本文化、土著文化。日本人自己说"中国文化，是日本文化的母文化"。台湾土著文化受远古时期南越文化的影响。从文化基因来看，台湾和大陆，同文同种！ 【多元性】台湾文化的主体是闽文化和岭南文化，因为早期台湾移民主要是福建和广东人。同时还带有原居民的"土著文化"，如音乐、美术等艺术；中原文化、吴越文化、荆楚文化、荷兰文化、日本文化都可以在台湾找到。长期以来，台湾文化吸收了各种文化的许多有益成分，逐步演变成了一种颇具特色的海岛地方文化。台湾人目前仍保持着闽、粤一带的生活习惯和风俗。 　　禁以手巾赠人，不吉利。禁以扇子赠人，意即太绝情；禁以剪刀赠人，有"一剪两断"的意思；禁以雨伞赠人，台语"伞"与"散"同音；禁以镜子送人，因为镜子易碎；禁以钟送人，因为"钟"与"终"同音；禁以甜品送人，会使人联想家里发生了丧事；禁以粽子赠人，会被误解为把对方当丧家。禁以鸭子赠人作"月肉"，会使人联想到不祥的兆头。

第八章 境外旅游文化

【实践题】

请同学们可以通过角色互换,分别扮演不同国家的游客,和你的中国导游员一起,探讨跨文化交流常常遇到的问题。

读者反馈意见

亲爱的读者：

感谢您对《中国旅游文化》的学习和热爱！为了今后能给您提供更优质的服务，请您抽出宝贵时间填写下面意见反馈表，以便我们更好地对本书做进一步的改进。同时如果您在使用本书的过程中遇到了什么问题，或者有什么好的建议，也请您来信、来电告诉我们。

地址：北京市丰台区科学城南极星大厦108室

电话：010-61229894 / 83794403

电子邮箱：caikai6223@263.net　　QQ:649319527　　发行 QQ:1694299827

教材名称：《中国旅游文化》

个人资料：

姓名：_____　年龄：_____　所在院校/专业_____

文化程度：_____　通讯地址：_____

联系电话：_____　电子信箱：_____

您使用本书是作为：□指定教材、□选用教材、□辅导教材

您对封面设计的满意度：

□很满意、□满意、□一般、□不满意　改进建议_____

您对本书印刷质量的满意度：

□很满意、□满意、□一般、□不满意　改进建议_____

您对本书的总体满意度：

从语言质量角度看：□很满意、□满意、□一般、□不满意

从科技含量角度看：□很满意、□满意、□一般、□不满意

本书最令您满意的是：

□指导明确　□内容充实　□讲解详尽　□实例丰富

您认为本书在哪些地方应进行修改？（可附页）

_____

_____

您希望本书在哪些方面需进行改进？（可附页）

_____

_____